W0272175

David & Domenika Hollenstein

Wie war's bei euch?

10 Ehepaare erzählen aus ihrem Liebesleben

Adonia

© Adonia Verlag, CH-4805 Brittnau
www.adonia.ch

Lektoren: Larissa Zimmermeyer, Annette Hottiger, Rebekka Hottiger
Satz: David Hollenstein
Coverbild: istockphoto

ISBN 978-3-03783-000-0

Inhaltsverzeichnis

Vorwort 4

Einen Schritt vor dem Abgrund
Simone und Marcel Roth 6

Die Sprache wiedergefunden
Marianne und Daniel Hirzel 25

Große Sehnsucht: Das erste Ehejahr getrennt
Rebekka und Enerico Burgassi 40

«Together we are strong»
Therese und Res Hubler 67

Wenn die «Traumprinz»-Liste passt
Ester und René Ulmann 87

Patient verliebt sich in Krankenschwester
Marianne und Roland Bänziger 107

Starke Frau heiratet introvertierten Mann
Margot und Oskar Seydel 125

Eine passende Frau für den Südamerikaner
Daniela und Manuel Koch 142

Zu viel Schonung schadet
Hannes und Bettina Isler 157

Die Quelle der Liebe gefunden
Susanne und Thomas Hunziker 173

Vorwort

Auf der Suche nach dem Schlüssel zu einer glücklichen Ehe interviewten wir zehn Ehepaare, die zwischen 18 und 47 Jahren verheiratet sind. Was dabei herauskam, hat unsere Erwartungen übertroffen. Zwar erhielten wir, wie vorgesehen, wertvolle Tipps und beachtenswerte Ratschläge – doch darüber hinaus noch viel mehr: Die Ehepaare ließen uns in aller Offenheit auf den Grund ihres Herzens blicken, indem sie uns ungeschminkt von Anfangsschwierigkeiten, aber auch von ihren Unzulänglichkeiten, Ängsten und Schwächen berichteten, mit denen sie täglich zu kämpfen haben. Dabei fesselten sie uns immer wieder mit reizvollen Anekdoten aus ihrem Eheleben. In der einen oder anderen Begebenheit haben wir uns selbst wiedererkannt und es hat uns inspiriert, wie das Paar mit diesen Herausforderungen umgegangen ist.

Heute sind alle diese Ehepaare glücklich verheiratet, doch das war nicht bei allen von Anfang an der Fall. Eine Ehe hing nur noch an einem seidenen Faden, in einer anderen passierte ein Seitensprung. Jedes Ehepaar hatte mit Missverständnissen, Verletzungen oder Kommunikationsschwierigkeiten zu kämpfen. Es fasziniert uns, welch lebensverändernde Wirkung Gott bei den verschiedenen Paaren hatte. Einige bauten ihre Ehe von Anfang an auf Gottes Hilfe, andere lernten ihn erst später durch Bekannte oder Freunde kennen.

Auch die älteren Paare darunter strahlen dank Gott als Dritten im Bunde noch heute Jugendlichkeit und Harmonie aus. Bei unserem Gespräch schauten sie sich verliebt an und berichteten lebhaft und begeistert von ihrem Eheleben – da war keine Spur von Langeweile, wie man sie sonst manchmal bei älteren Ehepaaren beobachten kann. Von ihrem Geheimnis über das Führen einer langen Ehe muss man profitieren!

All diese Geschichten, die direkt aus dem Leben gegriffen sind, haben uns so berührt, dass wir nach den Interviews jeweils noch lange darüber diskutiert und Schlüsse für unsere eigene Ehe gezogen haben. Da ist ein solch großer Schatz an Erfahrungen vorhanden, den wir nicht für uns behalten, sondern einem breiten Publikum zugänglich machen möchten. Wir wünschen Ihnen viel Spaß beim Lesen dieser vielseitigen Sammlung von Portraits und hoffen, dass die eine oder andere Liebesgeschichte eine segensreiche Wirkung auf Ihre Ehe haben wird.

David und Domenika Hollenstein

Einen Schritt vor dem Abgrund

Simone und Marcel Roth

Marcel Roth war der Macho schlechthin. Ihm erlag jede Frau innerhalb einer Stunde. Bei Simone funktionierten sein Charme und seine Tricks allerdings nicht. Sie reagierte immer wieder ganz anders, als er es gewohnt war. Das weckte in ihm den Jagdinstinkt. Als er sie aber erobert hatte, sah er immer mehr nur noch sich selbst. Simone litt viele Jahre unter Einsamkeit. Erst recht, als ihre ersten beiden Kinder bald nach der Geburt starben. Erst als sie beide nacheinander am Abgrund standen, begann eine radikale Veränderung.

Marcels Jugendfreund aus der Jungwacht zog beruflich von Aarau an den Bodensee. Später kam er verheiratet wieder in seine Heimatstadt zurück. Marcel war bei der Hochzeit nicht dabei, sah aber später die Fotos. Auf einem Bild war eine junge Frau mit einer aufwändig hochgesteckten Frisur zu sehen. Marcel machte in Anlehnung an die Haarpracht eine abschätzige Bemerkung über dieses «aufgetakelte Huhn». Die Frau von Marcels Freund sagte: «Pass auf, was du sagst! Das ist meine Schwester Simone.» Einige Zeit später war Simone in Aarau zu Besuch. Wie so oft hatte sie auch an diesem Tag die Haare hochgesteckt. Aber anders als sonst nörgelte ihre Schwester immer wieder, sie solle doch die Haare öffnen. Am Abend war Marcel zu einem Spargelessen eingeladen. Erst später erfuhr Simone von dessen Bemerkung über die hochgesteckten Haare und den Zusammenhang mit der Nörgelei ihrer Schwester. Der Abend verlief gut, aber Simone zeigte Marcel deutlich die kalte Schulter. Das konnte er nicht auf sich sitzen lassen.

Simone Roth (1956)
Marcel Roth (1955)
Hochzeit: 1981
3 Kinder

Nach diesem Maiabend reiste Simone zurück an den Bodensee. So trennten sich ihre Wege wieder. Erst im Sommer hörten sie wieder voneinander. Sie verabredeten sich in einem Restaurant in der Nähe von Simones Wohnort. Marcel machte sich auf den Weg und fuhr als Aargauer zum ersten Mal in die Ostschweiz. Als er im Restaurant nach ihr suchte, fand er sie nirgends. Bis sich eine junge Frau bemerkbar machte und sich als Simone vorstellte. Peinlicherweise hatte er sie nicht wiedererkannt. Der Abend wurde trotzdem gut. Sie verbrachten ihn mit Reden und Tanzen. Anschließend gingen sie zusammen in Simones kleine Wohnung. Sie wies ihm ihr Zimmer zu und legte sie sich selbst auf dem Bettsofa im Wohnzimmer schlafen. Die Entschlossenheit dieser Frau beeindruckte Marcel: «Sie hat sich immer wieder genau so verhalten, wie ich es nicht erwartet hatte. Ich war das nicht gewohnt.» Er hatte zuvor bereits mehrere Freundinnen gehabt. Alle diese Beziehungen waren weder tief noch stetig. Ein befreundetes Paar, das Marcels Vergangenheit kannte, gab den beiden keine zwei Wochen, bis wieder Schluss wäre. Marcel dachte wieder, dass es keine Stunde dauern würde, bis Simone seinem Charme erliegen würde. Marcel erinnert sich: «Aber es kam jedes Mal anders. Das reizte meinen Jagdinstinkt sehr: Es musste doch möglich sein, diese junge Frau zu erobern.»

In den folgenden Monaten verbrachte Marcel die Arbeitswoche in der Armee, während er an den Wochenenden Simone besuchte. Er bemühte sich sehr um sie. Jeden Tag schnitt er aus der Zeitung die Zeichnungen «Liebe ist ...» aus, versah sie mit einem eigenen Kommentar und schickte sie an Simone. Nach der Rekrutenschule erhielt Marcel einen Job in der Ostschweiz. Er zog mit 21 Jahren von zu Hause aus und nahm sich auf Anraten seiner Mutter zuerst eine eigene Wohnung. Sie wollte, dass er lernt, was es heißt, einen Haushalt zu führen. Nun war er näher bei Simone. Seine Hartnäckigkeit überzeugte sie schließlich. Sie war aber nicht Hals über Kopf in ihn verliebt: «Ich freute mich, wenn er kam, und vermisste ihn, wenn er wieder ging. Aber ich hatte kein Flattern im Bauch und trug keine rosarote Brille.» Nach weniger als einem Jahr zogen sie zusammen in eine gemeinsame Wohnung. Für Simone war das eine schlimme Erfahrung. Bei Marcels Arbeitsstelle war es üblich, dass alle aus der Abteilung nach der Arbeit noch zusammen weggingen. Marcel erinnert sich: «Ich kam jeden Tag sehr spät nach Hause. Ich sah das als selbstverständlich an. Ich hatte nicht daran gedacht, dass Simone darunter leiden könnte. Die ersten fünf Jahre unserer Freundschaft, bis wir uns dann entschieden, zu heiraten, führten wir eine eigenartige Beziehung. Simone und ich lebten jeder für sich sein eigenes Leben.»

D+D Was hat euch dazu bewogen, zu heiraten?

Marcel Für mich war es eine ganz vernünftige Angelegenheit. Ich dachte mir: Wir sind zusammen und nun sind wir in einem Alter, wo man normalerweise heiratet. Also heiraten wir doch. Es war nicht der Höhepunkt unserer Verliebtheit oder so.

D+D Du, Simone, warst bereit, unter diesen Umständen Marcel zu heiraten?

Simone Ich kannte nichts anderes. Heute weiß ich, warum. Ich wurde bereits in meiner Kindheit immer von anderen ausgenutzt. Wenn man mich brauchte, wurde ich geholt, aber sonst wurde ich nicht beachtet. Das ging nahtlos von meinen Eltern über zu meinem ersten Freund und dann zu Marcel. Als meine älteste Schwester heiratete und alle andern um uns herum auch, war klar, dass auch wir heiraten werden. Es gehörte dazu. Aber nicht aus einem Gefühl heraus, dass Marcel mein Traummann sei. Ich staune heute darüber, was sich Marcel in den ersten fünf Jahren alles geleistet hat. Ich war wohl ein blindes Huhn, dass ich das mit mir machen ließ.

Marcel Ich war ein richtiger Macho. Ich wusste, was gut für uns beide war. Also eigentlich wusste ich, was für mich gut war und ich ging selbstverständlich davon aus, dass dies auch das Beste für alle anderen sei. Ich zog meine Sache durch, ohne auf die Wünsche von Simone einzugehen. Nach unserer Heirat ging es genau so weiter.

Simone Er bestimmte, wo wir in die Ferien gingen und welches Auto oder welche Möbel wir kauften. Es dauerte ziemlich lange, bis ich formulieren konnte, was meine Wünsche sind und bis ich realisiert habe, wo diese nicht berücksichtigt wurden. Marcel ist ein sehr guter Verkäufer.

Marcel Ich schaffte es immer wieder, Simone klar zu machen, dass das, was für mich gut ist, auch für alle anderen gut sei.

Simone Damals wohnten wir in einer schönen Maisonette-Wohnung. Eines Tages wurden wir angerufen und gefragt, ob wir die Wohnung kaufen möchten. Der Besitzer sei Konkurs gegangen und müsse nun die Wohnung verkaufen. Wir hatten aber nicht genügend Geld auf der Seite. So begannen wir, uns nach einer neuen Bleibe umzusehen. Vor dieser Maisonette-Wohnung hatten wir in einem dreistöckigen Einfamilienhaus gewohnt. Ich wusste also, wie viel Arbeit ein Haus machte. Daher wollte ich auf keinen Fall mehr in ein Haus ziehen. Das sagte ich Marcel auch. Trotzdem ging er immer wieder Häuser besichtigen und brachte entsprechende Anzeigen nach Hause. Jedes Mal spürte ich mich einer Erschöpfungsdepression näher. Also sagte ich ihm deutlich: «Ich will kein Haus mehr. Das ist mir zu viel Arbeit.» Eines Abends kam er nach Hause und sagte: «Ich habe unser Zuhause gefunden.» Wir stiegen ins Auto und er fuhr mich zu diesem Ort. Er bog in eine Straße ein, wo drei Häuser standen und ein viertes im Bau war. Wir besichtigten ein dreistöckiges Haus mit großem Umschwung. Ich war fix und fertig. Ich hatte keine Kraft mehr, mich zu wehren. An diesem Abend haben wir den Vertrag für das Haus unterschrieben. Innerlich weinte ich und dachte für mich: «Nun ist unsere Ehe zu Ende. So mache ich nicht mehr mit.» Wir zogen dort ein. Ich wurde immer depressiver und sank tiefer und tiefer. Ich empfand damals das Leben als nicht mehr lebenswert. Ich sagte einige Male, ich könne mich gerade so gut selbst töten. Mein Mann bestimmte und ich musste arbeiten und tun.

Zur gleichen Zeit spielte sich auch bei meinem Bruder und meiner heutigen Schwägerin einiges ab. Er war einer der Drogensüchtigen auf dem Platzspitz in Zürich. Später wurde er zur Rehabilitation in einer Großfamilie untergebracht. Dort lernte er die befreiende Botschaft von Jesus Christus kennen. Er bekam dadurch die Kraft, aus den Drogen auszusteigen. Seine Freundin war von ihm schwanger. Sie gebar ihr Kind zu früh. Aber mein Bruder erzählte ihr, was er mit Jesus erlebt hatte und auch sie nahm ihn als ihren Herrn an. Wie er wurde auch sie dadurch zum Positiven verändert. Mein Bruder absolvierte eine zweijährige Therapie. Dank des Glaubens an Jesus ist er heute clean, hat eine liebe Frau, drei Kinder und ein eigenes Geschäft. Meine Schwägerin sah, dass es mir nicht gut ging. Weil der Glaube ihr geholfen hatte, erzählte sie mir davon: «Was du brauchst, ist Jesus!» Ich stutzte, aber ging doch darauf ein und begann, an Jesus zu glauben. Das gab mir einen großen Schub. Plötzlich fühlte ich mich, als ob ich drei Meter über dem Boden schweben würde. Ich war richtig verliebt in Jesus. Dieses Gefühl der Verliebtheit hatte ich zuvor nicht gekannt – auch bei Marcel nicht. Dieses Hoch dauerte drei Wochen an. Ich war fröhlich und lustig wie schon lange nicht mehr. Zuvor konnte ich meinen Mann nicht einmal mehr berühren, plötzlich konnte ich ihm aber sogar wieder um den Hals fallen. Ich konnte wieder normal mit unserem Sohn umgehen. Ich besuchte eine Freikirche und erfuhr dort mehr über den Glauben.

Da mich dies so positiv verändert hatte, dachte ich, dass Jesus doch auch für meinen Mann wichtig wäre. Das würde auch ihm helfen. Als ich es ihm sagte, meinte er: «Das ist gut für dich. Aber ich brauche das nicht.» Da endete mein Höhenflug. Ich realisierte, dass mein Mann nichts von mir annahm und es nicht einmal versuchte. Ich war mit diesem Satz auf dem Boden der Realität angelangt. Die große Verliebtheit war wieder verschwunden. Aber ich sackte nicht mehr in die Depression ab wie zuvor. Ich war nun bei einem realistischen Glauben angekommen, bei dem ich seither Schritt für Schritt mit Gott gehe.

Marcel Das hat natürlich auch unsere Ehe verändert. Durch den Glauben wurde sie selbständiger. Sie konnte immer mehr mit einer inneren Überzeugung sagen, sie sei wertvoll und geliebt. Sie realisierte, dass ich sie nicht so behandeln durfte, wie ich es tat. Dadurch wurde für mich alles anders. Ich konnte nicht mehr tun, was ich wollte. Ich lief immer öfter ins Leere und oft auch an eine Wand. Meine Überzeugungstechniken funktionierten auf einmal nicht mehr. Obwohl ich nichts mit dem Glauben zu tun haben wollte, fragte ich doch immer wieder nach, was bei ihr so lief. Vielleicht auch nur, um die Kontrolle zu behalten. Nach etwa fünf weiteren Jahren fällte ich einige berufliche Fehlentscheidungen. Ich kam dadurch an einen Abgrund. Ich sah nicht mehr weiter. Dann fuhren wir mit Freunden in die Ferien. Wir kannten sie durch Simone. Sie besuchten die gleiche Freikirche wie sie. Ich wollte damit zwar nichts zu tun haben, aber es waren tolle Leute. Am Ende der Ferien war ich mit meinen Grübeleien über die Zukunft an einem Tiefpunkt angelangt. Simone gab mir noch einen Fußtritt mit der Frage: «Was ist wohl nun das Beste für uns?» – Ich fragte den Mann der anderen Familie über Jesus aus. Ich merkte, dass man bei Jesus Kraft bekam. Und ich brauchte sehr dringend Kraft! Also entschied ich mich für Jesus. Es war nichts von Verliebtheit im Spiel wie bei Simone. Bei mir war es eine reine Kopfentscheidung. Erst einige Jahre später fand der Glaube auch den Weg zum Herzen. Aber trotzdem konnte ich aus dieser neuen Beziehung zu Gott viele Fehlentscheidungen korrigieren. Ich wechselte zwei Monate später meine Arbeitsstelle und konnte einiges bereinigen. Die Kraft, auf die ich gehofft hatte, habe ich konkret erlebt und mir war immer bewusst, woher sie kommt. Gott war gnädig. Er gab und gab und ich habe genommen und genommen. Er hatte viel Geduld mit mir.

D+D Wie war die Zeit für dich, Simone, als dein Mann noch nichts vom Glauben wissen wollte?

Simone Es war schlimm. Ich hatte etwas, das mir sehr wichtig war, das ich aber nicht mit ihm teilen konnte. Mir tat der Glaube so gut. Ich kam dadurch aus einem großen Tief in ein Hoch hinein. Ich sank danach nie mehr ab. Das Burnout war weg. Natürlich musste ich schauen, dass ich mich nicht wieder überforderte. Wer einmal in einem Burnout war, dessen Kräfte sind nicht mehr die gleichen wie zuvor. Obwohl mir einmal ein Seelsorger gesagt hat, dass die Kraft, die ich heute zur Verfügung habe, das eigentliche Maß sei. Vor dem Burnout hätte ich über meinem Maß gelebt. Ich darf mir eingestehen, dass es genug ist, was ich mache. Ich muss nicht mehr tun. Das Leistungsdenken, das seit der Kindheit bei mir eingeprägt war, musste ich Schritt für Schritt loswerden.

In den ersten beiden Jahren versuchte ich immer wieder, Marcel vom Glauben an Jesus zu überzeugen. Ich gab ihm entsprechende Bücher zu lesen und versuchte, mit ihm darüber zu sprechen. Ich wollte ihn in die Gottesdienste oder zu sonst einem Anlass einladen. Dann hörte ich an einer Konferenz eine Frau sprechen, die seit dreißig Jahren im Glauben war, aber ihr Mann nicht. Ich wollte danach unbedingt mit ihr sprechen.

Sie war eine Verbündete. Ich ging zu ihr und klagte ihr mein Leid. Ich dachte, dass sie mich nun in den Arm nehmen und trösten würde. Aber stattdessen gab sie mir eine verbale Ohrfeige: «Was meinst du eigentlich, wer du bist? Du stehst Gott im Wege, wenn du selbst versuchst, zu handeln. So kann Gott an deinem Mann nicht wirken.» Ich ging wie ein begossener Pudel nach Hause und sagte mir: «Gut. Ich lasse meinen Mann in Ruhe. Ich gehe meine Schritte mit Gott, besuche die Gottesdienste und Gesprächsgruppe.» Es kostete mich einiges an Kraft, einfach zur Seite zu stehen und den Mund zu halten. Auch musste ich weiterhin einiges von meinem Mann aushalten. Seine egoistischen Züge waren ja immer noch da. Wehren konnte ich mich damals noch nicht. Ich tat weiterhin alles, was er wollte. Aber ich tat es unzufrieden. Und trotzdem kam für mich eine Trennung oder Scheidung nicht mehr in Frage. Vor meiner Hinwendung zu Gott hing unsere Ehe an einem seidenen Faden. Ich hätte mir irgendwann selbst etwas angetan oder wäre eines Tages abgehauen. Ich hätte es nicht mehr lange ausgehalten.

D+D Hast du, Marcel, das damals nicht realisiert?

Marcel Null, absolut nicht. Ich merkte, dass immer Schwierigkeiten da sind. Aber ich sah nicht, in welch einer Einsamkeit und welch einem Elend Simone lebte. Das habe ich nicht mitbekommen. Ich habe mich auch nicht darum gekümmert, wie es ihr ging. Es reichte mir, zu wissen, wie es mir ging. Ich machte viel für meine Familie und für meine Frau. Aber es war immer das, was für mich gut war. Ich dachte dabei, dass das auch für die anderen gut sei.

D+D Hast du es gemerkt, als Simone sich entschied, dich nicht mehr zum Glauben zu drängen?

Marcel Ja, das gab mir etwas Luft. Ich konnte von da an wieder normal atmen. Es herrschte wieder Normalbetrieb in unserer Familie. Gott ließ es zu, dass ich daraufhin Fehler machte und Fehlentscheidungen traf, aber er hat mich auch aufgefangen. Ob er damit gewartet hat, bis Simone sich zur Seite stellte, das weiß ich nicht. Aber es hat sicher gut getan. Dadurch wurde ich gelassener. Durch diese Gelassenheit konnte ich mich vermutlich öffnen.

D+D Wenn du aus heutiger Sicht dem Marcel von damals einen Rat geben könntest, was würdest du ihm sagen?

Marcel Du musst dir bewusst sein, dass deine eigenen Wünsche wichtig sind. Aber die Wünsche deines Partners sind gleich wichtig. Du musst beide berücksichtigen. Für mich wäre damals schon nur der Rat gut gewesen, einmal darüber nachzudenken, dass Simone auch Wünsche haben könnte. Ich war so dominant, dass sie keine Chance hatte, auch nur von ihren Wünschen zu erzählen. Und wenn sie doch einmal einen Wunsch geäußert hat, hatte ich genügend Gründe, ihn wieder zurückzubinden.

D+D Wie berücksichtigst du heute die Wünsche deiner Frau?

Marcel Wichtig ist, dass wir im Gespräch herausfinden, welche Wünsche der andere hat. Was ist dir wichtig? Was ist mir wichtig? Das müssen wir beide wissen. Ohne dass man miteinander spricht, kann man es nicht wissen. Dann liegt es an mir, das aufzunehmen und umzusetzen.

Simone Ich auf meiner Seite musste lernen, meine Wünsche zu formulieren. Ich wuchs in einer Familie auf, in der meine Wünsche kein Gewicht hatten. Unsere Eltern sagten, was es zu tun gab und wir hatten einfach zu gehorchen. Ich musste lernen, das Einfachste auszudrücken, zum Beispiel welche Kleider ich kaufen und wie ich die Wohnung einrichten möchte. Ich hatte mich natürlich auch hinter Marcel versteckt. Ich hatte das Gefühl, dass ich nichts kann. Wegen meiner Schwerhörigkeit hatte ich eine schlechte Schulbildung und habe auch keine Lehre absolviert. Daher konnte ich mich hinter seinem Rücken verstecken. Ich hatte ihn auch auf eine gemeine Art benutzt. Ich hatte ihn machen lassen, aber dann auch die Konsequenzen selbst tragen lassen.

D+D Wie habt ihr gelernt, miteinander zu reden?

Simone In Seelsorge-Sitzungen habe ich die Zusammenhänge aus meiner Kindheit erkannt und dadurch gelernt, die eingeübten Verhaltensweisen umzulernen. Dort lernte ich auch zu sprechen. Ich ging jeweils nach Hause und erzählte Marcel davon: «Ich habe wieder etwas entdeckt. Jetzt weiß ich, warum ich wegen diesem oder jenem gehässig reagiere.» Ich konnte zum Beispiel den ganzen Tag fröhlich sein, aber sobald die Haustür aufging und Marcel eintrat, war meine ganze Kraft weg. Als ob jemand mir die Kraft entzogen hätte. Ich wurde grantig und antwortete mürrisch. Es war befreiend, zu entdecken, worin der Grund lag. Ich lernte mich dadurch besser kennen.

Marcel Da machte Simone eine große Entwicklung durch. Sie gewann an Selbstsicherheit und lernte zu kommunizieren. Sie entwickelte plötzlich eine eigene Persönlichkeit, die ich zuvor nicht gekannt hatte. Auf einmal war ein Gegenüber da. Das war für mich nicht nur negativ. Einerseits war es schwierig, weil es anders war und weil ich nicht mehr überall meinen Willen durchsetzen konnte. Aber andererseits wurde ich auch stolz auf Simone.

D+D Inzwischen seid ihr 28 Jahre verheiratet. Was ist euch heute wichtig, damit eure Ehe immer noch hält?

Simone Zwei Dinge haben wir schon angesprochen: **Gott hat**

unsere Ehe gerettet. Ohne ihn wären wir heute nicht mehr zusammen. Daher ist für uns Gott als Dritter im Bund sehr wichtig. Er hat schon viel in unserer Ehe gewirkt und soll es auch weiterhin dürfen. Zweitens ist es wichtig, dass man miteinander redet. Und als Drittes ist für uns ein zentraler Wert, dass wir Fehler eingestehen, uns entschuldigen und einander vergeben können.

D+D Wir waren zuvor beim **Miteinanderreden.** Bleiben wir noch kurz dabei. Wer macht bei euch den ersten Schritt, wenn es etwas zu bereden gibt?

Marcel Ich gehe eher spät zur Arbeit, deshalb können wir jeden Morgen mit einem gemeinsamen Frühstück beginnen. Natürlich ist es jeweils noch früh, aber es kann sich schon das eine oder andere Gespräch ergeben. Am Mittag sehen wir uns nicht und am Abend komme ich eher spät von der Arbeit nach Hause. An den Abenden haben wir oft noch einen Termin. Deshalb genießen wir zusammen das Frühstück. Als Zweites planen wir immer wieder die **Zeit-zu-zweit.** Das haben wir in den Ehekursen kennen gelernt, die wir nun selbst auch anbieten. Unsere Zeit-zu-zweit verbringen wir nie in unserer Wohnung. Hier haben wir so vieles, was noch getan werden sollte. Darum hilft es uns, aus dem Haus zu gehen. Meistens ist es Simone, die dann ein Thema anspricht.

Simone Ich möchte im Gespräch an die Wurzeln vordringen. Ich kratze nicht gerne nur an der Oberfläche. Wenn man bis an die Wurzeln geht, kann man die Ursache für ein Problem auch beheben. Oder bildlich gesprochen: die Wurzeln ausreißen. Ein oberflächliches Geplänkel gibt es bei mir nicht mehr. Das stresst Marcel manchmal. Wenn ich zum Beispiel beim Frühstück etwas anspreche, dann muss er mit diesem Thema im Gepäck arbeiten gehen. Das ist nicht immer einfach. Darum schneide ich Themen am Morgen gar nicht mehr an, bei denen ich vermute, dass wir länger dran bleiben müssen. Ihn stresst das Thema und er schaut immer wieder auf die Uhr. Die Zeit vergeht so schnell, wenn man miteinander diskutiert. Und mich stresst es, dass er mit den Gedanken schon halb auf dem Zug und bei der Arbeit ist. Diese Themen schneide ich dafür umso mehr in der Zeit-zu-zweit oder am Wochenende an. Ich fahre sehr gerne mit Marcel im Auto. Da kann er nicht einfach mitten im Gespräch weggehen. Im Auto haben sich schon viele gute Gespräche ergeben.

D+D Es klingt, als wäre die Zeit-zu-zweit mit den schwierigen Themen eher anstrengend. Wie kann man die Zeit-zu-zweit trotzdem genießen?

Simone Heute können wir sie genießen. Früher redeten wir uns gegenseitig in die Tiefe. Heute nehmen wir das Problem und stellen es vor uns hin. Dann stehen wir nebeneinander und betrachten gemeinsam das Problem. Wir sehen nicht mehr uns gegenseitig als Problem an.

Marcel Wir machen uns immer wieder bewusst, dass wir uns nicht gegenseitig bekämpfen und fertig machen sollen, sondern dass wir gemeinsam den Konflikt bewältigen wollen.

Simone Heute kann ich das meistens. Aber als ich lernte, zu kommunizieren, ging das noch nicht von Anfang an reibungslos. Ich war in meiner Kindheit häufig die Letzte. Nun wollte ich einmal die Erste sein. Ich wollte auch einmal Recht haben, meine Meinung sollte auch gelten. Durch diese Rechthaberei habe ich einige Konflikte mit Marcel unnötig angeheizt und in die Tiefe gezogen. Durch verschiedene Prozesse lernte ich, dass es nicht darauf ankommt, ob ich 150 Meter weit springen kann oder nur 80 Zentimeter. Es kommt lediglich darauf an, dass ich springen kann. Heute muss ich nicht mehr unbedingt Recht haben oder Recht bekommen. Ich musste auch lernen, Nein zu sagen, ohne dass mein ganzer Selbstwert ins Schwanken gekommen ist. Wenn eine Nachbarin zu mir sagte: «Nein, heute komme ich nicht zu dir, einen Kaffee trinken.» Dann schmerzte mich das. Ich dachte, sie liebt mich nicht mehr. Ich im Gegenzug ging aber immer, auch wenn es nicht so gut gepasst hat. Ich hatte Angst, Nein zu sagen, weil ich nicht wusste, ob sie mich dann immer noch lieben würde. In so alltäglichen Dingen musste ich lernen, meine Wünsche auszudrücken. Wenn ich einer Freundin sagte, dass ich ihr Kind nicht übers Wochenende hüten konnte, fragte ich mich: Ruft sie mich danach je wieder an? Das waren zum Teil echte Existenzängste. Bis ich feststellte, dass alle anderen Menschen auch Nein sagten. Dann durfte ich doch auch.

Marcel Ja, du hast seit deiner Zuwendung zu Gott viele positive Veränderungen durchgemacht. Jeweils mit etwa zwei Jahren Verspätung folgte auch bei mir dann eine Veränderung. Damit wir heute miteinander ins Gespräch kommen, lesen wir zeitgleich das gleiche Buch. Dann setzen wir uns zusammen hin und sprechen über den Inhalt. Was hat dich angesprochen? Was bedeutet das für unsere Ehe und für unseren Alltag?

D+D Kommt es vor der Zeit-zu-zweit auch manchmal vor, dass ihr keine Lust habt und absagt?

Marcel Nein, das kommt nicht vor. Wir müssen eher aufpassen, dass nicht andere Termine uns unseren Abend streitig machen.

Simone Unsere Zeit-zu-zweit ist immer am Freitagabend.

Marcel Dann finden oft auch andere Anlässe statt oder Freunde möchten zu Besuch kommen. Wir müssen schauen, dass dieser Abend uns gehört. Es ist sehr schnell geschehen, dass etwas «ganz Wichtiges» dazwischen kommt.

Simone — Wenn am Samstag oder Sonntag noch ein Termin frei ist, dann besteht die Gefahr, dass man den Abend einfach verschiebt. Schnell ist er dann ganz abgesagt.

Marcel — Wir sind zwei sehr spontane Menschen. Wir haben unsere Wochenenden nie im Griff. Da ergeben sich immer so viele spontane Dinge, dass wir keinen fixen Terminplan haben können. Es geschieht uns andauernd, dass wir zehn Stunden später nach Hause kommen, als dass wir es geplant haben.

D+D — Was ist für euch nicht Zeit-zu-zweit?

Marcel — Der klassische Fernsehabend ist es sicher nicht. Wir schauen gerne einen Film zusammen, aber das ist nicht Zeit-zu-zweit.

D+D — Schauen wir uns noch den dritten Punkt an. Wie habt ihr gelernt, **Fehler einzugestehen, euch zu entschuldigen und einander zu vergeben?**

Simone — Früher war mein Ausspruch oft: «Ich bin an allem schuld. Immer ich.» Marcel konnte so gewandt sprechen, dass ich mich nicht wehren konnte. Ich fühlte mich immer sehr klein. Das war meine Wahrnehmung, sicher stimmte sie nicht immer. Wenn etwas falsch gelaufen war, nicht funktionierte, wenn er gehässig war, war ich schuld daran. Das war nicht dienlich für die Konfliktlösung. Erst durch die Vergebung, die wir von Gott erfahren haben, lernten wir, einander auch die Fehler einzugestehen, um Vergebung zu bitten und zu vergeben.

Marcel — Wer einmal erfahren hat, wie gut Vergebung tut, der weiß, dass der Nutzen der Vergebung viel größer ist, als der Aufwand, über seinen Schatten zu springen und den Fehler zuzugeben. Es bringt mir in der Tat mehr, wenn mir vergeben wird, als wenn ich es nicht schaffe, den Fehler zuzugeben und ihn dann unaufhörlich vor mir her schieben muss. Einen Fehler einzugestehen und einander zu vergeben, ist wie wenn man ein Rohr reinigt. Plötzlich kann die Liebe wieder durchfließen. Fehler gehören zum Leben dazu. Aber ich kann mich dafür entschuldigen. Es ist okay, wenn ich heute um Vergebung bitte und morgen schon wieder. Natürlich soll ich jedes Mal etwas dazulernen.

D+D Aber manchmal hat man das Gefühl, dass man diesmal wirklich im Recht ist.

Marcel Wenn wir in den 28 Ehe-Jahren etwas gelernt haben, dann sicher, dass Machtspiele nur Kraft kosten und nichts bringen. Die Verbindung zueinander bereinigen, anstatt sie zu vermiesen, ist viel schöner.

D+D Wie ist es mit der anderen Seite? Ist es leicht zu vergeben? Oder wollt ihr auch manchmal in der Opferrolle ausharren?

Simone Für mich hat es zwei Seiten. Ich vergebe gern. Aber das heißt nicht, dass es auch wieder in mir drin geheilt und erledigt ist.

Marcel Es ist zwar vergeben, es steht nicht mehr trennend zwischen uns. Das ist ein Willensakt. Aber es braucht dennoch eine gewisse Zeit, bis der Schmerz geheilt ist. Diese Heilungszeit einander zuzugestehen, ist nicht immer einfach. Bei mir ist es nach erhaltener Vergebung schnell wieder in Ordnung. Ich könnte wieder bei hundert Prozent Beziehung weiterfahren. Ich musste lernen, dass Simone mir zwar vergeben hat, aber nun doch noch etwas Zeit zur Heilung braucht.

Simone Es kommt auf das Gewicht der Verletzung an. Es ist auch schon vorgekommen, dass ich vergeben hatte und auch das Gefühl hatte, dass es für mich wieder in Ordnung war. Aber dann kam es einige Tage später wieder

	hoch. In diesen Fällen muss ich jeweils genauer analysieren, was passiert ist. Vermutlich war die Verletzung tiefer, als ich zuerst angenommen hatte. Ich hatte die Wunde zu schnell verbunden, so dass sie darunter zu eitern begann. Ich sage Marcel, dass wir es nochmals anschauen müssen. Wir sprechen darüber und bitten Gott um Heilung. Ich lasse mir dann etwas länger Zeit.
Marcel	Zur Vergebung gehört es für uns dazu, dass wir Gott mit einbeziehen. Wir beten jeweils zusammen.
D+D	Noch zu einem anderen Thema: Einer eurer drei Söhne starb mehrere Monate nach der Geburt und ein weiterer einige Tage nach der Geburt – beide an einem Herzfehler. Was hatten diese **Tragödien** für Auswirkungen auf eure Ehe?
Simone	Es hat mich auch schon jemand gefragt, ob uns diese Schicksalsschläge näher zusammengebracht hätten. Aber bei uns war das nicht der Fall. Es hat uns vielmehr auseinander getrieben. Wir sind ganz unterschiedlich mit der Trauer umgegangen. Ich weiß noch heute, zwanzig Jahre später, nicht genau, wie Marcel darüber denkt. Er spricht nicht darüber. Als es geschah, kannten wir beide Gott noch nicht. Wir waren also gezwungen, ganz alleine mit der Trauer und all den Fragen fertig zu werden. Als unser erster Sohn starb, sagten uns die Ärzte, dass das nie zwei Mal in der gleichen Familie passieren würde. Aber bei uns ist es passiert. Das war ganz hart. Marcel konnte zum Beispiel nicht verstehen, warum ich mir Filme ansah, in denen kleine Kinder vorkamen. Ich musste jeweils weinen. Aber Marcel lief davon. Am liebsten wäre ich von ihm in den Arm genommen worden. Es bringt keine Nähe, wenn der Ehemann wegläuft, wenn die Frau weint.
Marcel	Es war zu viel für mich. Ich bin selbst mit dem Schmerz

nur knapp durchgekommen.

Simone Aber vermutlich war es auch nicht hilfreich, dass ich mir diese Filme angesehen habe. Vermutlich tat ich es, um endlich weinen zu können. Ich hatte einen großen Kloß im Hals, der nicht raus wollte. Ich wäre manchmal fast daran erstickt. Ich konnte nicht weinen, aber mit diesen Filmen sind die Tränen endlich geflossen.

Erst viel später konnte ich die Trauer Gott abgeben. An einem Seelsorge-Seminar beteten die Leute für mich. Auf einmal fühlte ich, wie ich dieses fünfeinhalb Monate alte Baby wieder in den Armen hielt. Nach langem Ringen war ich bereit, dieses Baby Jesus abzugeben. Es war sehr intensiv, als ob ich nochmals ein Kind verlieren würde. Aber dann sah ich plötzlich ganz real, wie Jesus zwei Kinder an der Hand hielt und davonlief. Es waren aber keine Babys mehr, sondern zwei ältere Kinder. Sie drehten sich zu mir um und winkten mir zu. Im selben Moment wurde ich von einem tiefen Frieden erfüllt. Ich erzählte niemandem davon. Trotzdem erhielt ich von einer anwesenden Frau eine Notiz. Darauf stand, dass sie einen tiefen Frieden gespürt habe, als sie sah, wie Jesus mit zwei Kindern an der Hand davongelaufen sei. Sie wisse nicht, warum, aber es waren zwei ältere Kinder, ich hätte doch von einem Baby erzählt. Für mich ergab das Sinn, da ich genau das Gleiche gesehen hatte. Von da an konnte ich meine Kinder loslassen und Jesus anvertrauen.

Marcel Ich übernahm dieses Bild später auch für mich. Lange Zeit tröstete mich ein Spruch, den meine Mutter uns zusammen mit einem Foto unseres verstorbenen Sohnes geschenkt hatte. Dort stand: «Jedes Leben, sei es noch so kurz, hat seinen Sinn, seine Bedeutung und hinterlässt seine Spuren.» Das war mein Trost. Es waren zwei ganz kurze Leben. Sie hatten einen Sinn. Sie hatten eine Bedeutung. Und dass sie Spuren hinterlassen haben, dessen war ich mir selbst bewusst. Daran habe ich mich festgehalten, bis Simone von ihrem Bild erzählte. Von da an wusste ich, dass es ihnen gut geht. Sie sind nicht bei uns, aber sie sind an einem besseren Ort. Das ist gut für sie und ein Trost für mich.

Simone Dort bekommen sie die beste Erziehung und die beste Schule, die man sich nur vorstellen kann.

Marcel Zuerst war es lediglich ein Trost, aber heute ist es eine Überzeugung. Wir werden einmal wieder zusammen sein.

D+D Gibt es etwas, das ihr uns noch weitergeben möchtet?

Marcel Mein Lieblingsspruch an den Ehekursen, die wir anbieten, ist folgender: «Wenn du glücklich werden willst, dann heirate nicht!» Dann entsteht eine Spannung bei den Zuhörern. Dann folgt der zweite Teil: «Nur wenn du jemanden glücklich machen willst, dann sollst du heiraten.» Eine Ehebeziehung ist aktiv und nicht passiv. Natürlich kann man in einer Ehe glücklich werden, aber die Entscheidung, glücklich machen zu wollen, das ist der springende Punkt. Zum Beispiel höre ich meiner Frau zu, wenn sie etwas sagt. Ich sehe sie dabei auch an. Ich beziehe ihre Wünsche und Bedürfnisse in meine Überlegungen mit ein. Wenn ein Konflikt im Haus ist, dann versuche ich, ihn zu beenden. Ich stoße die Konfliktbewältigung an, anstatt mich in die Höhle zurückzuziehen. Ich bitte um Vergebung. Eine Ehe zu führen, ist aktiv. Ich muss handeln. Nicht ein passives Warten darauf, dass der andere handelt und mich glücklich macht. Verliebtheit hingegen ist passiv. Dafür kann ich nichts. Sie kommt und sie geht. Aber die tiefe Liebe ist aktiv. Ich kann mich aktiv jeden Tag dafür entscheiden.

Simone Für mich ist es wichtig, dass man keine Hemmungen

hat, Hilfe zu holen. Lieber einmal zu früh Hilfe in Anspruch nehmen, als zu warten, bis die Situation schon ganz verfahren ist.

Marcel Hilfe zu holen ist kein Zeichen von Schwäche, sondern ein Zeichen von Cleverness. Ich möchte vor allem den Männern Mut machen, über alles zu reden, was sie bedrückt. Wir Männer sind gefährdet, zu denken, es sei ein Zeichen von Schwäche, wenn wir über Schwächen sprechen. Es braucht Mut, mit der Ehefrau über etwas zu sprechen, das uns auf den Keks geht oder Angst macht. Versuche auch über Gefühle zu sprechen.

Simone Ich sagte zu Beginn, dass ich nicht in meinen Mann verliebt war. Aber als er sich zu öffnen begann und seinen Panzer ablegte – bis es soweit war, musste ich einige Male bildlich gesprochen mit der Brechstange ans Werk – lernte ich seinen weichen Kern kennen. Das löste bei mir Verliebtheitsgefühle aus; heute kann ich sagen, dass ich meinen Mann liebe.

D+D Ganz herzlichen Dank für das Gespräch!

Die Sprache wiedergefunden

Marianne und Daniel Hirzel

Marianne brauste auf und ereiferte sich, während Daniel nicht einmal mit der Wimper zuckte. Er hatte sich in seiner Schulzeit angewöhnt, keine Gefühle an sich herankommen zu lassen. Nichts konnte ihn aus der Fassung bringen. Diese Ruhe hat Marianne fasziniert, als sie ihn geheiratet hat, aber dann wurde sein Schweigen zu einer Hypothek in ihrer Ehe. Heute ist das anders.

Die 17-jährige Marianne nahm an einem Orientierungslauf von verschiedenen christlichen Jugendgruppen der Region Zürich teil. Der Wettkampf wurde in Gruppen ausgetragen. Am Ende des Laufes vergnügten sich die Teilnehmer noch am Fluss, während der Gruppenleiter Daniel bereits auf einer Anhöhe auf sie wartete. Jemand rief, man müsse weitergehen. Als Marianne mit den anderen den Weg hochlief, erblickte sie Daniel. Sie erinnert sich: «Ich sah ihn, wie er dort oben ernst und ruhig in seinem schwarzen Anzug wartete. Plötzlich durchzuckte mich der Gedanke: Einen solchen Ehemann möchte ich einmal haben. Er hatte eine spezielle Ausstrahlung. Aber ich wies den Gedanken weit von mir, schließlich war ich mit 17 Jahren nicht auf der Suche nach einem Ehemann.» Die Gruppe stieg in den Zug ein, der sie vom Austragungsort zurück nach Zürich brachte. Da es zu wenig Sitzplätze gab, standen sie alle zusammen im Eingangsbereich des Wagons. Kurz vor ihrem Zielbahnhof begann jemand, die anderen nach deren Alter zu fragen. Daniel sagte, er sei 21 Jahre alt. «Für mich war 21 damals steinalt», erzählt Marianne, «ich wollte aber nicht, dass er erfuhr, dass ich erst 17 war. Zum

Marianne Hirzel (1941)
Daniel Hirzel (1937)
Hochzeit: 1963
3 erwachsene Kinder
8 Enkelkinder

Glück hielt der Zug an, bevor ich an der Reihe war. Ich stieg sofort aus und rannte davon.» Daniel und Marianne gehörten nicht der gleichen Jugendgruppe an.

Als etwas später wieder eine Veranstaltung von Mariannes Jugendgruppe stattfand, hatte sie keine große Lust hinzugehen. Sie ließ sich aber von ihren Eltern dazu überreden. Sie trug ein Kleid und Schuhe, die für die damaligen Verhältnisse freizügig waren, was ihrer Mutter nicht passte. In dieser Aufmachung eilte Marianne zum Treffpunkt. Sie war spät dran. Die Veranstaltung hatte bereits begonnen, als sie versuchte, unauffällig hineinzuschlüpfen. Doch der Pfarrer sah sie und begrüßte sie vor allen Anwesenden. Er wies ihr den letzten freien Platz in der vordersten Reihe zu. Sie begab sich peinlich berührt nach vorne. Da sah sie Daniel neben dem freien Platz sitzen. «Was macht er denn hier», fragte sie sich und setzte sich beschämt hin. Marianne erzählt: «Ich lief wie eine Tomate rot an und schaute verlegen nach vorne. Er fragte mich leise: ‹Hey, sagst du mir nicht hallo?› Ich weiß nicht mehr, was ich dann gestammelt habe.» Nach der Veranstaltung schlug Daniel vor, zusammen einen Kaffee trinken zu gehen. Marianne stimmte unter der Bedingung zu, dass auch ihre Freundin mitkommt. Der Abend war schön, aber sie dachte nicht, dass aus ihnen beiden etwas werden würde.

Einige Zeit später stieg Marianne nach Feierabend im Zürcher Hauptbahnhof aus dem Zug aus. Als sie dem Bahnsteig entlang ging, erblickte sie plötzlich Daniel. Er stand dort und schien auf sie zu warten. Marianne weiß noch genau: «Nervös fragte er mich, ob ich ihn an ein Konzert begleite. Da begann mein Herz zu flattern. Ich erzählte es zu Hause meiner Mutter. Sie hatte nichts dagegen und gab mir für das Konzert sogar einen neuen Rock. An diesem Konzert begann unsere Freundschaft.»

Ihre Beziehung zog sich über die Jahre hin. Vier Jahre später kriselte es zwischen Marianne und Daniel. Auseinandersetzungen wegen Kleinigkeiten häuften sich. Daniel erzählt: «Uns war bewusst, dass es so nicht weitergehen konnte. Wir suchten daraufhin nach einer

Möglichkeit für eine Auszeit, damit jeder für sich über unsere Beziehung nachdenken konnte. Ein Auslandaufenthalt schien dafür geeignet zu sein. Ein Kollege erzählte mir von einer Arbeitsstelle in Schweden. Nach vierzehn Tagen war alles arrangiert und ich hatte auch schon die Arbeitsbewilligung in der Tasche.»

Marianne begleitete ihren Freund zum Bahnhof, wo er in den Skandinavien-Express einstieg. Sie sieht die Szene noch vor sich: «Ich dachte damals: ‹Vielleicht finde ich ja noch einen anderen Ehemann, ich bin ja noch jung. Daniel soll nur nach Schweden gehen.› Aber als der Zug wegfuhr und ich dem Schlusslicht nachsah, wurde mir schlagartig bewusst: Ich verliere etwas ganz Wichtiges in meinem Leben. Von da an war ich mir sicher, dass ich Daniel heiraten würde.» Aber Daniel wohnte in Schweden bei einer Familie, die nebst den Eltern aus fünf Töchtern im heiratsfähigen Alter bestand. Die schwedische Mutter hielt viel von Daniel und hätte ihn gerne als ihren Schwiegersohn gesehen. Marianne hörte davon und begann, ihm eifersüchtige Briefe zu schreiben. Diese Sticheleien wurden ihm aber zu viel. Er schrieb zurück, dass sie aufhören müsse, eifersüchtig zu tun, sonst würde er nochmals über ihre Beziehung nachdenken.

Als sie sich elf Monate später das erste Mal wieder sahen, war für beide klar, dass sie zusammengehörten.

D+D	Was hat dich, Daniel, an Marianne fasziniert?
Daniel	Sie ist mir bereits damals beim Orientierungslauf aufgefallen. Aber der entscheidende Moment war erst einige Wochen später. Bei einem mehrtägigen Anlass der Kirche, zu der auch ihre Jugendgruppe gehörte, wurde Marianne ganz stark von Gott berührt. Als ich sie das nächste Mal sah, war sie anders als zuvor. Ich spürte, dass sich bei ihr etwas Entscheidendes verändert hatte. Sie strahlte nun eine Freude aus, die vorher nicht da war. Von da an wollte ich ihr Herz erobern.
D+D	Was war zwischen Gott und dir geschehen, Marianne?

Marianne Ich muss dazu etwas ausholen. Meine Eltern erzogen mich zwar im Glauben an Gott. Als ich aber noch klein war, wussten sie noch nicht so viel darüber, was Jesus wirklich für uns getan hat. So erzogen sie mich in einer Angst vor Gott. Damals hörte ich, dass es Gott nicht gefiel, wenn ich ins Kino, zum Tanzen oder sonntags ins Schwimmbad ging. Es gab einige solcher ‹Vorschriften›, wie man als Christ zu leben hatte. In der Bibel ist versprochen, dass Jesus einmal wiederkommen werde, und dann alle, die zu ihm gehören, mit zu sich nimmt. Mir wurde gelehrt, dass wenn ich bei Jesu Wiederkunft zufällig im Kino sitzen würde, er mich nicht mitnähme. Als Kind hatte ich dadurch oft Angst, wenn ich meine Eltern nicht auf Anhieb gefunden hatte. Ich dachte jeweils, dass der Heiland sie weggeholt hatte und ich nicht dabei war, weil ich vielleicht ungehorsam gewesen war. Ich war verzweifelt, bis ich meine Mutter zum Beispiel in der Waschküche wiedergefunden hatte. Diese und weitere Ängste trug ich lange mit mir herum.

Damals rauchte mein Vater manchmal, obwohl er aufhören wollte. Er schickte mich Zigaretten kaufen und befahl mir, meiner Mutter nichts zu sagen. So stand ich zwischen den beiden und war verunsichert. Einmal besuchten meine Eltern eine Veranstaltung eines kanadischen Geigenspielers, der auch über Gott redete. Dort erlebten sie eine ganz gewaltige Berührung von Gott. Von diesem Zeitpunkt an war alles anders in unserer Familie und auch in der Ehe meiner Eltern. Bereits als Kind spürte ich diese positive Veränderung meiner Eltern. Meine Unsicherheit war von da an verschwunden. Ich musste nie mehr zwischen meinen Eltern stehen. Ich erlebte eine sehr schöne Kindheit. So war es für mich klar, dass auch ich Jesus nachfolgen will.

Als ich mit 17 Jahren, wie Daniel erzählte, selbst stark

von Gott berührt wurde, löste sich ein großer Teil der Ängste aus meiner Kindheit. Ich wusste nun, dass Gott voller Liebe ist. Er wartet ganz sicher nicht darauf, bis ich etwas Falsches tue, nur um mich bestrafen zu können. Er liebt mich über alles. Das war für mich ein einschneidendes Erlebnis. Obwohl diese Glaubensängste nun geheilt waren, blieb ich doch in alltäglichen Dingen ängstlich.

D+D **Hat sich deine Angst auch auf die Ehe ausgewirkt?**

Marianne Ja, ich hatte zum Beispiel immer wieder Angst, Daniel zu verlieren. Wenn er nicht sofort nach Hause kam, befürchtete ich das Schlimmste. Das konnte er oft nicht nachvollziehen. Auch wenn ich um unsere Kinder Angst hatte, verstand er das nicht. Er nahm mich vielmehr auf den Arm: «Dann ruf doch die Polizei.» Je weniger er mich ernst nahm, desto stärker kochte es in mir. Ihn konnte wirklich nichts aus der Ruhe bringen. Einerseits fühlte ich mich von ihm nicht verstanden, aber andererseits wusste ich auch, dass meine Ängste nicht immer begründet waren.

Als älteste von vier Geschwistern wurde mir früh Verantwortung übertragen. Ich musste oft auf die anderen auspassen und wie ein Wachhund schauen, dass Ordnung herrschte. Daraus hat sich auch ein Muster der Angst entwickelt. Ich hatte Angst, dass ich es nicht im Griff hatte. Ich versuchte, mit dieser Angst umzugehen, indem ich immer über alles die Kontrolle haben wollte. Das übertrug sich auch auf die Ehe und die Erziehung unserer Kinder. Je mehr ich in unserer Ehe die Verantwortung und die Kontrolle übernahm, desto mehr lehnte Daniel sich zurück.

Daniel Ich genoss es natürlich, dass Marianne für alles sorgte. Ich bin mit 10 Geschwistern aufgewachsen. Mein Vater war sehr lieb und brachte seinen Lohn nach Hause, aber daheim hielt er sich meistens in seinem Bastelraum auf und ließ meine Mutter alles bestimmen. Sie hingegen schmiss den großen Haushalt und kümmerte sich um alles.

Marianne Bei meinen Eltern war es ganz ähnlich. Ich hatte auch einen sehr lieben Vater. Er konnte alles reparieren und auch er verdiente das Geld für die Familie. Aber meine Mutter musste alles regeln und mit uns zur Schule kommen, wenn es Probleme gab. So sind wir beide mit dem gleichen Rollenverständnis in unsere Ehe gestartet. Das passte gut dazu, dass ich die Verantwortung und Kontrolle behalten wollte. Viele Jahre haben wir uns gut mit diesem Muster arrangiert, aber es war nicht in Ordnung. Ich gab dieses Denken auch meinen beiden Töchtern mit auf den Weg: «Du musst zusehen, dass du es im Griff hast, auf die Männer kannst du in dieser Sache nicht zählen.» Als ich dieses Muster erkannte, bat ich meine Töchter um Vergebung, dafür dass ich ihnen in dieser Sache kein gutes Vorbild gewesen war.

Erst nach knapp 30 Jahren Ehe besuchten wir zusammen ein Seelsorgeseminar. Dort erkannten wir dieses Muster. Gott heilte dort nochmals einen großen Teil meiner Ängstlichkeit. Ich begann also, die Verantwortung für die Familie mit Daniel zu teilen, und gewöhnte mir an, nicht mehr überall die Kontrolle haben zu müssen. Das war eine große Befreiung für mich und unsere Ehe.

D+D Führte das Umlernen der Rollen zu Reibungen in eurer Ehe? Es ist ja wohl nicht einfach, Muster einfach so aufzugeben, die man sich Jahre lang angewöhnt hat.

Marianne Nein, das funktionierte relativ gut.

Daniel Wir hatten ohnehin wenig gestritten in unserer Ehe. Die meisten Konflikte hatten wir, bevor ich nach Schweden ging. Nach der Hochzeit waren wir sehr har-

	monisch, außer vielleicht dem großen Reibungspunkt ‹Kommunikation›.
D+D	Was waren das für **Kommunikationsschwierigkeiten?**
Daniel	Auch das hat mit der Prägung aus unseren Familien zu tun. Marianne kam aus einer Familie, in der viel geredet wurde. Wenn ich jeweils bei ihnen zu Besuch war, konnte ich nicht verstehen, dass alle gleichzeitig redeten und keiner zuhörte. Aber alle waren glücklich dabei und es schien zu funktionieren. In unserer Familie sprach man zwar auch miteinander, aber immer mit einem zynischen Unterton. Wir witzelten übereinander und versuchten, einander die Dinge auf unterschwellige Art klar zu machen. Wir waren dabei auch nicht ganz ehrlich. Wir sagten nicht direkt, was wir wollten, sondern redeten um den heißen Brei herum. Über Gefühle zum Beispiel redete man sicher nicht.
Marianne	Am Anfang unserer Ehe prallten diese beiden Kommunikationsstile aufeinander. Ich hielt es nicht aus, wenn er zynische Bemerkungen machte oder mir auf unterschwellige Art etwas mitteilen wollte. Da ging ich die Wände hoch. Ich schrie ihn an: «Sag mir doch, was du willst, aber nicht auf diese Art!» Bei uns zu Hause haben wir einander direkt gesagt, wenn uns etwas gestört hat. Dann war es heraus und wir hatten wieder Ruhe.
Daniel	An Marianne faszinierte mich in unserer Bekanntschaft natürlich ihre Gesprächigkeit. Man sagt, dass Gegensätze sich anziehen. Das war bei uns ganz klar der Fall. Ich bin ein ruhiger, introvertierter Zuhörer, während Marianne extrovertiert ist und viel und gerne redet. Sie macht es auch gut.
Marianne	Ich genieße es sehr, einen Mann zu haben, der mir so

oft und lange zuhört! Aber dass Daniel nicht viel sagte, wurde zu einem Problem in unserer Ehe.

Daniel Als Kind war ich sehr sensibel. Ich weinte schnell und oft. Zu Hause war das kein Problem, dort fühlte ich mich geborgen. Aber in der Schule störte es mich bald sehr, dass ich so schnell in Tränen ausbrach. Die anderen lachten mich aus. Es musste nur ein Schüler eine Bemerkung über mich machen oder der Lehrer mich zurechtweisen und schon schossen Tränen in meine Augen. Ich wollte das aber unbedingt verhindern. So gewöhnte ich mir an, dass ich so tat, als würde ich diese Aussagen gar nicht hören. Das funktionierte immer besser und ich weinte bald kaum noch in der Schule. Mit dieser Taktik kam ich sehr gut durch die Schulzeit, die Lehre und auch durch die Rekrutenschule. Ich wurde immer besser im Abblocken und weinte bald gar nicht mehr. Ich wurde unempfindlich gegenüber Gefühlen. Das ging so weit, dass ich beim Zahnarzt keine Betäubungsspritze benötigte, weil mein Empfinden total zurückgestutzt war.

In der Ehe war es aber nicht mehr so einfach. Marianne merkte mit der Zeit, dass mit mir etwas nicht stimmte. Sie fand aber nie heraus, was es war, denn ich wusste es selbst auch nicht.

Marianne Ich wusste einfach, dass man mit Daniel keinen Krach haben kann. Ich konnte jeweils lauthals reklamieren, aber er erwiderte nichts darauf und blieb ganz ruhig. Daher war ich immer diejenige, die sich hinterher entschuldigen musste. Aber eigentlich hatte er mich durch sein Schweigen und dadurch, dass er nie Gefühle gezeigt hatte, gereizt. Er sagte jeweils: «Komm zur Sache. Was hast du für ein Problem? Das ist doch nicht mein Problem.» Und ich: «Du könntest dich doch auch einmal dafür interessieren und auch einmal etwas dazu sagen.» Er schloss die Unterredung aber oft mit dem

Spruch: «Reden ist Silber, Schweigen ist Gold.»

Daniel — Heute hält Marianne bei Frauenfrühstückstreffen Vorträge zu diesem Thema. Der Titel heißt: «Reden ist Silber, Schweigen ist Gift.»

Marianne — Durch das Nicht-Reden kann man viel kaputt machen. Ich litt sehr darunter. Er war für mich wie ein unverrückbarer Fels, an dem ich immer wieder auflief. Ich drang nicht zu ihm durch. Ich hätte ihn manchmal am liebsten geschüttelt und gesagt: «Sag doch endlich etwas! Du kannst dich doch auch einmal zu diesem Thema äußern!» Zum Beispiel wollte ich, dass er auch bei den Kindern hinsteht und sagt, wo's lang geht.

Daniel — Ich hatte aber gar keine Chance. Sie war immer schneller. Wenn mit den Kindern etwas war, dann ist sie sofort aufgebraust.

Marianne — Das hatte er damals als Ausrede gesagt. Manchmal hätte ich es mir auch gewünscht, dass er mich aufgefangen hätte, indem er mich in den Arm genommen und mir gesagt hätte: «Beruhige dich, das wird schon gut werden. Ich bin ja da.» Aber auch da schwieg er. Dieses Schweigen machte mir sehr zu schaffen. Andererseits hatten wir uns so gerne und er war ein sehr liebevoller Ehemann. So dachte ich, dass ich mich damit abfinden müsse. Es war ja auch schön für mich, dass ich jemanden hatte, der mir immer zuhörte. Manchmal wünschte ich mir einen Mann, der für mich Gedichte schreibt und sie mir vorträgt. Aber dann sagte ich mir: Daniel ist so treu und lieb, da habe ich doch viel mehr daran. Was mich an ihm von Anfang an fasziniert hat, ist seine Ruhe, die er ausstrahlt. Er ist einfach da. Auf ihn kann man sich verlassen, er ändert nicht andauernd seine Meinung. Das schätze ich sehr an ihm. Gerade wegen dieser Ruhe habe ich ihn gewollt und diese schätze ich im Grunde sehr an ihm.

Ich habe damals selbst nicht gewusst, was Daniel hätte besser machen können. Heute kann ich ihm genau sagen, was mir gut tun würde. Wenn ich es ihm mitteile, tut er es heute sehr liebevoll.

D+D Wie hast du, Daniel, im Gegenzug die Redeattacken von Marianne empfunden?

Daniel Ich habe sie überlebt und möglichst nichts darauf geantwortet. Ich dachte: «Die wird sich schon wieder einmal beruhigen.» Ihre lebhafte und redselige Art hat mich bei unserem Kennenlernen angezogen und daran änderte sich nie etwas. Daran habe ich mich nie gestört.

Marianne Er hatte es mit mir nicht immer einfach. Ich habe auch Dinge gesagt, bei denen ich kurze Zeit später gemerkt habe, dass ich sie besser nicht gesagt hätte. Als unsere Kinder älter waren, sagten sie manchmal, ich solle mal still sein, sie möchten die Sache mit ihrem Vater besprechen.

Daniel Erst an dem Seelsorgeseminar, das wir nach knapp 30 Jahren Ehe besuchten, realisierte ich, was das Abblocken meiner Gefühle für einen Zusammenhang mit unserem Kommunikationsproblem in der Ehe hatte. Als Kind hatte ich diese Taktik bewusst begonnen, aber schon bald geschah das so automatisch, dass es mir nicht mehr bewusst war. Wir beteten dafür, dass Gott meine Gefühle wieder heilen würde und sie sich wieder entfalten können. In diesem Seelsorgeseminar weinte ich seit Jahrzehnten zum ersten Mal wieder. Die Gefühle kamen wieder und ich konnte mein Empfinden auch wieder wahrnehmen. Ich rede auch heute noch nicht so viel wie sie, aber die innere Blockade ist seither nicht mehr da. Für diese Heilung bin ich Gott sehr dankbar.

Marianne Unsere Ehe hatte gut funktioniert, auch mit seinem Schweigen. Wir haben trotz unserer Unterschiedlichkeit gut zueinander gepasst. Aber der neue Daniel, der begann, über seine Gefühle zu sprechen, hat mich natürlich begeistert. Es war wie das Sahnehäubchen auf der Torte. Manchmal wusste er dann nicht, wie er eines dieser neuen Gefühle beschreiben sollte: «Ich spüre etwas, aber ich weiß nicht, wie man das nennt.» Ich ermutigte ihn, es zu umschreiben. So merkten wir, wie plötzlich etwas zwischen uns zu fließen begann, das wir zuvor nicht gekannt hatten. Wir waren damals bereits 50 Jahre alt. Das ist ein Alter, in dem viele Ehepaare schon gar nicht mehr miteinander reden.

Daniel Heute reden wir viel miteinander, besonders während oder nach dem Essen. Da wir pensioniert sind, haben wir die Zeit, nach dem Frühstück noch sitzen zu bleiben. Wir halten auch zusammen eine Andacht und reden anschließend über das Gelesene.

Marianne Ich sagte vorhin, dass ich mir einen Mann gewünscht habe, der mir Gedichte schreibt. Daniel hat das nicht gewusst, aber zu meinem 50. Geburtstag überraschte er mich. Wir verbrachten unsere Ferien in einem Blockhaus in Schweden. Da bereitete er das Frühstück und schrieb mir ein Gedicht. Ich flippte aus vor Freude!

D+D Hast du einen Tipp für Frauen, deren Männer auch nicht sprechen?

Marianne Denk darüber nach, warum du deinen Mann geheiratet hast. Vielleicht ist diese Ruhe und Schweigsamkeit ja nichts Neues. Konzentriere dich in diesem Fall auf seine Qualitäten. Uns half es aber auch, unsere Geschichte anzuschauen. Als wir unsere beiden Familien miteinander verglichen, ist uns einiges klar geworden. Manchmal liegt der Grund im Schweigen auch in einer Schuld, die unausgesprochen oder ohne Vergebung zwischen den Ehepartnern liegt. Es können auch Verletzungen da sein, die durch immer neue Vorwürfe tiefer werden, so dass sich der Ehepartner weiter zurückzieht. Es gibt aber auch Fälle, wie bei Daniel, bei denen die Schweigsamkeit einen Grund in der Kindheit hat. Vielleicht gab es ein dunkles Familiengeheimnis, bei dem es hieß: «Lieber beiße ich mir die Zunge ab, als etwas zu sagen.» Es gibt auch Kinder, die von Erwachsenen immer wieder hören: «Sei still, du hast nichts zu sagen.» Durch solche Erlebnisse und Prägungen können schweigsame Menschen entstehen. In diesen Fällen kann man Hilfe in Anspruch nehmen und das Problem auch Gott bringen. Wir haben erlebt, dass Gott Daniel gezeigt hat, wo das Problem liegt, und er hat ihn auch geheilt.

Ich habe Daniel immer wieder herausgefordert, ihn um seine Meinung gefragt und ihm den Raum zum Sprechen gegeben. Wenn ich einmal gesagt hätte «es hat keinen Sinn» und dann auch nichts mehr gesagt hätte, dann hätten wir uns auseinandergelebt.

D+D — Wie war es für dich, Daniel, dass Marianne immer wieder gebohrt hat?

Daniel — Es kam auf die Situation drauf an. Aber meistens hat es mich nicht gestört. Vielleicht sagte ich dann drei oder vier Wörter und sie war damit zufrieden.

D+D — **Ihr seid heute 47 Jahre verheiratet. Warum seid ihr immer noch zusammen?**

Marianne — Als wir uns kennenlernten, wussten wir schon bald, dass Gott uns zusammengeführt hat. Diese Gewissheit haben wir in all den Jahren nie verloren. Dass wir Gott in unserem Bund hatten, hat uns durch alle Höhen und Tiefen getragen. Ganz wichtig erachten wir dabei das gemeinsame Gebet! Das haben wir von Anfang an gepflegt. Es wurde zu einem Kitt, der unserer Ehe ein Gerüst gegeben hat. Vor Gott kann man dem anderen nichts vorspielen. So sind immer wieder Dinge ans Tageslicht gekommen, die wir daraufhin bereinigen konnten.

D+D Wann habt ihr die Zeit gefunden, miteinander zu beten?

Daniel Als ich noch gearbeitet habe, habe ich Marianne morgens jeweils einen Kaffee bereitgestellt. Dann ist sie aufgestanden und wir haben den Tag in Gottes Hände gelegt und einander gesegnet. Anschließend ging ich arbeiten.

Marianne Diese Gebetszeiten waren jeweils relativ kurz, aber ich habe sie sehr gut in Erinnerung. So gingen wir jeden Tag in guter Gesinnung auseinander. Wir fanden es schade, wenn andere gesagt hatten, dass sie nicht zusammen beten können.

D+D Was waren wohl die Gründe, dass es bei euch ging und bei anderen nicht?

Marianne Die meisten sagen, sie fänden die Zeit dazu nicht. Es laufe so viel jeden Tag. Männer sagen auch, es sei ihnen peinlich, wenn sie vor ihren Frauen beten müssten. Bei Frauen wäre der Wunsch oft eher da.

D+D Dir, Daniel, war es nicht peinlich, vor Marianne zu beten?

Daniel Nein. Ich war es bereits als Kind gewohnt, zu beten und weil wir das seit Beginn unserer Beziehung gemacht haben, war das gut eingespielt. Wir hatten auch immer genügend Dinge, für die wir beten konnten. Wir beteten zum Beispiel viel für unsere Kinder. Ein Grund, den ich auch schon gehört habe, warum andere nicht miteinander beten, ist, dass sie es einfach vergessen.

Marianne Oder der eine betet so lange, dass der andere denkt, er würde lieber selbst mit Gott reden. Manchmal betet man auch nur unverbindliche Floskeln, die aber nichts aussagen. Für den Ehepartner ist es langweilig, sich das jeden Tag anhören zu müssen, während man spürt, dass eigentlich tiefe Gebetsanliegen da wären. Vielleicht nagt eine Schuld, die man Gott im Gebet bringen kann.

Ich genoss es sehr, dass wir im Gebet eine so enge Verbindung hatten. Sie war ein Trost dafür, dass unsere sonstige Kommunikation nicht so tief war. Wir haben immer wieder erlebt, dass Gott unsere Gebete erhört hat. Er hat uns zum Beispiel Weisheit gegeben in der Erziehung der Kinder, wenn wir nicht mehr weitergewusst haben. Ein markantes Erlebnis war, als wir uns genau das Auto kaufen konnten, für das wir auch mit den Kindern zusammen gebetet hatten. Unser Geld reichte zwar nicht, aber eine Bekannte gab uns einen Umschlag mit exakt dem Geld drin, das uns gefehlt hatte. Sie wusste nichts von unserem Wunsch. Sie sagte, Gott habe ihr aufgetragen, uns das Geld zu geben. Ein anderes Mal beteten wir für mehr Wohnraum, um Pflegekinder oder hilfesuchende Menschen aufnehmen zu können. Als schon eine beachtliche Zeit verstrichen war, ohne dass wir etwas gefunden hatten, las eine unserer Töchter ein Buch über eine ganz ähnliche Gebetserhörung aus den USA. Sie warf das Buch quer durch die Wohnung und rief: «So etwas passiert nur dort, aber sicher nicht hier in der Schweiz!» Keine zwei Wochen später klingelte es an unserer Tür. Die Frau aus der Wohnung nebenan stand draußen und fragte: «Haben Sie immer noch Interesse an unserer Wohnung? Wir wollten eigentlich noch viele Jahre da bleiben, aber mein Mann hat eine interessante Stelle in Asien angeboten bekommen. Wir müssen innerhalb von einem Monat ausziehen.» Wir freuten uns riesig. Bald darauf waren wir also in zwei Wohnungen auf demselben Stockwerk eingemietet und konnten unsere Pläne umsetzen.

D+D **Was ist euch für die Ehe sonst noch wichtig?**

Marianne Uns sind drei weitere Dinge ganz wichtig: der **respektvolle Umgang miteinander, Zärtlichkeit im Alltag, ohne dass es gleich zu Sex kommen muss, und dass wir die Schuld nicht behalten, sondern diese immer wieder bereinigen.** Das bedeutet nicht, dass man immer gleicher Meinung sein muss. Als Ehepaar muss man lernen, es ohne Wut aufeinander auszuhalten, wenn Meinungsverschiedenheiten da sind. Wir müssen miteinander zurechtkommen, bis wir eine Lösung finden.

Daniel Das hat viel mit gegenseitigem **Respekt** zu tun. Das klappte bei uns zum Glück relativ gut.

Marianne Da hatten wir gute Vorbilder. Bei meinen Eltern habe ich erlebt, wie sie respektvoll miteinander umgegangen sind. Sie haben einander nie böse Worte an den Kopf geworfen und einander auch nicht klein gemacht. Ich spürte bald, dass Daniel mir gegenüber auch diesen Respekt hatte.

Daniel Bei meiner Familie war das genau gleich. Meine Eltern gingen auch sehr zuvorkommend miteinander um.

Marianne Dank diesen Vorbildern konnten wir den Respekt und den liebevollen Umgang auch praktizieren.

Daniel Dadurch konnten wir viele gegenseitige Verletzungen vermeiden. Es hinterlässt Spuren, wenn ein Ehepartner dem anderen unschöne Dinge an den Kopf wirft. Dann braucht es die Vergebung.

D+D Herzlichen Dank für das Gespräch!

Große Sehnsucht: Das erste Ehejahr getrennt

Rebekka und Enerico Burgassi

Was aus einem Ferienflirt zweier Teenager entstehen kann, zeigt die eindrückliche Geschichte von Rebekka und Enerico. Sie flirten auch nach knapp 30 Jahren Ehe immer noch miteinander, obwohl die Vorzeichen ihrer Ehe nicht optimal waren: Keiner beherrschte die Muttersprache des anderen, zwischen ihnen lagen einige hundert Kilometer, seine Mutter fädelte zur Überraschung aller die Verlobung ein, ungeplant wurde Rebekka mit 17 Jahren schwanger und während des ersten Ehejahrs konnten sie nicht zusammen sein. Was waren wohl die Faktoren, dass diese Ehe trotzdem bis heute gehalten hat?

«Endlich Ferien!», dachte die 14-jährige Rebekka. Sie fuhr mit ihren Eltern und ihren Freundinnen nach Italien ans Meer. Am Samstag schlenderten sie durch das schmucke Städtchen Massa Marittima in der Toskana. Sie trafen auch auf einheimische Jungen. Die beiden Gruppen kamen in Kontakt und unterhielten sich mit Händen und Füßen. Einer hieß Enerico. Ihm fiel Rebekka sofort auf. Er sagt, es sei Liebe auf den ersten Blick gewesen. Er redete auf sie ein, aber sie verstand kein Wort. Er sprach kein Deutsch und sie verstand kein Italienisch. Am Nachmittag hatte eine Disco geöffnet. Enerico wollte die junge Schweizerin gerne dorthin zum Tanzen ausführen. Er versuchte, es ihr bildhaft mit improvisierten Steinmännchen zu erklären. Ein Glück, dass ihr Vater Italienisch sprach. Enerico suchte ihn auf und fragte ihn, ob er Rebekka am nächsten Tag zum Tanzen mitnehmen dürfe. Dieser antwortete: «Wenn du sie wiedersehen möchtest, dann komm

Rebekka Burgassi (1964) Enerico Burgassi (1961) Hochzeit: 1981 3 Kinder

morgen um 15.00 Uhr zu einem Kaffee in unser Ferienhaus.» Es blieb ihm nichts anderes übrig, als dort zu erscheinen. Enerico fragte also nochmals, ob sie mit ihm tanzen gehen dürfe. Der Vater willigte ein: «Am Nachmittag zu tanzen, kann wohl nicht so schlimm sein. Aber um 18:00 Uhr musst du Rebekka wieder bei mir abliefern!» Enerico versprach dies und zog mit Rebekka und ihrer Freundin zur Disco. Punkt 18:00 Uhr lieferte Enerico Rebekka bei ihren Eltern ab. Das beeindruckte ihren Vater sehr.

In den nächsten Tagen verbrachten sie noch einige Zeit miteinander. Am Ende der Ferien tauschten sie ihre Adressen aus. Zurück in der Schweiz legte Rebekka die Adresse erst einmal zur Seite. Sie glaubte nicht, dass etwas Ernstes aus diesem Ferienflirt entstehen würde. «Wenn es ihm ernst ist, kann er mir schreiben. Woher soll ich wissen, ob er nicht mit allen Schweizer Touristinnen flirtet?», dachte Rebekka. Nach einer Weile traf tatsächlich ein Brief aus Italien ein. Rebekka schrieb zurück und es entwickelte sich zögerlich ein Briefverkehr. Diesen führten sie auf grammatikalisch tiefem Niveau in den Sprachen Französisch und Englisch. Jedes zweite Wort mussten sie im Wörterbuch nachschlagen. Rebekka begann sofort, Italienisch zu lernen und machte dabei schnell Fortschritte. Auch Enerico lernte fleißig Deutsch.

Rebekkas Eltern fiel bald auf, dass sich etwas Ernsthaftes entwickelte. Sie schlugen vor, die Familie Burgassi in den Weihnachtsferien in die Schweiz einzuladen. Diese nahmen die Einladung gerne an. Doch Rebekka wusste nicht, wie groß die Familie von Enerico war und wie viele Personen zu ihnen in die Ferien kommen würden. Dem Klischee der großen italienischen Familien folgend, machten sie sich auf einige Personen gefasst. Sie fuhren zum Bahnhof, wo sie ihre Gäste abholten. Als der Zug einfuhr, warteten sie gespannt darauf, wie viele Personen nun mit Enerico aus dem Zug aussteigen würden. Es waren nur zwei: Seine Mutter und sein Vater. Er ist Einzelkind. Sie verbrachten eine wunderbare Zeit zusammen. Einmal saßen Rebekka und Enerico zusammen auf der Ofenbank. Da fragte Enerico: «Willst du meine

Frau werden?» Sie sagte Ja. Sie wollten heiraten, sobald Rebekka ihren 18. Geburtstag gefeiert hatte. Ihr Ziel war es, zusammen eine Familie zu gründen und Kinder zu haben.

Nach den Weihnachtsferien war der Abschied schwer. Doch dieses Ritual sollte zu einem festen Bestandteil ihrer Beziehung werden. In den nächsten Monaten schrieben sie sich unzählige Briefe. In den Osterferien – Rebekka war nun 15 Jahre alt – lud Familie Burgassi Rebekkas Familie nach Massa Marittima ein. Nach ihrer Ankunft gab es ein mehrgängiges und reichhaltiges Mittagessen. Sie saßen bis vier Uhr am Mittagstisch. Nach diesem Essen verkündeten die Eltern von Enerico, dass Rebekka und ihr Sohn nun verlobt seien. Rebekka war baff. Damit hatte sie nicht gerechnet. Enerico wusste auch nichts davon, seine Mutter hatte alles eingefädelt. Die Erklärung folgte bald: In Massa Marittima war es Tradition, dass sobald sich die Eltern eines Paares gegenseitig besucht haben, das Paar als verlobt gilt. Als Rebekka sich an den Gedanken gewöhnt hatte, war es für sie gar nicht so schlimm. Die Pläne, mit 18 zu heiraten, bestanden ja schon. Nach einer sehr schönen Zeit in Italien folgte wieder der Abschied.

Rebekka und Enerico schrieben sich hunderte von Briefen. In den nächsten zwei Jahren folgten weitere gegenseitige Besuche. Später telefonierten sie auch zweimal in der Woche. Am Mittwoch rief Rebekka an und am Sonntagabend Enerico. Rebekkas Mutter stand jeweils mit der Uhr daneben. Damals waren die Telefonverbindungen nach Italien noch ziemlich teuer. In einem Anruf erfuhr Enerico etwas, das sein Leben auf den Kopf stellte: Rebekka war schwanger. Beide nahmen die Nachricht gefasst auf. Innerhalb kürzester Zeit planten sie nun die Hochzeit. Der gesetzliche Papierkrieg für die Verbindung zwischen einer Schweizerin und einem Italiener war sehr groß. Mehrmals musste Enerico für eine Unterschrift oder ein Dokument ins Schweizer Konsulat nach Florenz fahren. Obwohl noch nicht alles Bürokratische geregelt war, legten sie den 25. Juli 1981 als ihren Hochzeitstag fest. Rebekka war reformiert aufgewachsen und Enerico katholisch. Für sie war der Gott der beiden Kirchen der gleiche, so entschieden sie sich für eine Hochzeit in der katholischen Kirche in Rebekkas Wohnort. Da alle Pfarrer in den Ferien weilten, mussten sie einen aus Zürich bestellen. Die Hochzeit war schlicht, aber schön. Sie legten Wert darauf, dass der Pfarrer erwähnte, dass Rebekka schwanger war. Rebekka erzählt: «Für uns war das Kind ein Kind der Liebe. Natürlich war es nicht geplant, aber trotzdem gewollt. Eine Abtreibung kam nicht in Frage. Wir wollten so oder so, sobald ich 18 war, eine Familie gründen. Unsere Tochter kam also einfach ein Jahr zu früh.»

Rebekka war 17 und Enerico 20 Jahre alt. Er hatte seine Ausbildung zum Maschinenzeichner noch nicht abgeschlossen. Er musste noch einmal ein Jahr nach Italien. Trotz Heirat folgte deshalb für das frisch vermählte Paar wieder der Abschied. Enerico verbrachte das erste Ehejahr und die ersten acht Monate seiner ältesten Tochter getrennt von ihnen. Rebekka lebte im oberen Stock bei ihren Eltern. Sie sehnten sich beide danach, endlich zusammen sein zu dürfen. Enerico erinnert sich: «Das war ein sehr trauriges Jahr. Es war wirklich hart. Damals gab es noch keine E-Mails, aber Rebekka sandte mir immer wieder Polaroidfotos von unserer Tochter.» Rebekka ergänzt: «Unsere Beziehung war schon von Anfang an von Abschieden geprägt: Entweder, wenn ich im Auto meiner Eltern bei ihm abgefahren bin, oder wenn ich ihn am Bahnhof in Zürich auf den Zug gebracht habe. Viele Briefe endeten mit einem Satz voller Sehnsucht und Hoffnung: ‹Einmal werden wir für immer zusammen sein!›»

Zum Glück hatte dieses Warten einmal ein Ende. An ihrem ersten Hochzeitstag packte Enerico seine Kleider und sein wenig Erspartes zusammen und stieg in sein Auto, das ihn nun für immer in die Schweiz brachte. Bis zu diesem Zeitpunkt hatten sich schachtelweise Briefe angesammelt. Die erste Zeit lebten sie aus finanziellen Gründen im Obergeschoss bei ihren Eltern. Als sie sich ihre erste eigene Wohnung leisten konnten, genossen sie es in vollen Zügen. Rebekka: «Jede Familie braucht ihren eigenen Raum.

Zu Hause bei meinen Eltern waren wir keine richtige Familie. Ich war dort immer noch die Tochter. Aber dann konnten wir in unsere eigene Wohnung ziehen. Das war herrlich. Wir hatten zwar nur sehr wenig Geld. Wir drei lebten mit CHF 2000.00 monatlich. Aber wir waren sehr glücklich. Wir hatten einander – wir waren endlich zusammen!»

D+D Enerico, du hattest innerhalb von drei Monaten die 14-jährige Rebekka erst zum zweiten Mal gesehen und sie bereits gefragt, ob sie deine Frau werden möchte. War das nicht etwas früh? Du hast sie noch kaum gekannt.

Enerico Natürlich war unsere Liebe sehr naiv. Aber wir sind im Laufe der Zeit gereift. Für mich ist es rückblickend eine große Bewahrung, dass ich damals Rebekka kennen gelernt hatte. Ich hatte früh ein Ziel in meinem Leben, für das es sich lohnte, zu kämpfen und auszuharren. Ich wusste, ich werde Rebekka heiraten und zu ihr in die Schweiz ziehen. Beide Freunde von mir, die damals auf dem Dorfplatz dabei waren, sind mit Drogen und der Polizei in Kontakt gekommen. Hätte ich Rebekka nicht kennen gelernt, wäre ich vermutlich mit ihnen zusammen in diese Dinge hineingeraten und inzwischen schon einmal im Gefängnis gewesen.

Rebekka Ich hörte oft von Freunden, dass ich etwas verpasst hätte, weil ich mich so früh gebunden habe. Aber ich sage heute: Nein, ich wurde dadurch vor anderen weniger gesunden Bekanntschaften und Dingen bewahrt. Ich hatte nie das Gefühl, etwas verpasst zu haben. Ich musste zwar in meinen Berufswünschen flexibel sein. Ich wollte eigentlich Kinderärztin werden. Als das mit Enerico angefangen hatte, merkte ich, dass diese Ausbildung viel zu lange dauern würde. So entschied ich mich für den Anwaltsberuf und ging aufs Wirtschaftsgymnasium. Ich brach es aber ab, als ich schwanger war. Ich entschied mich ganz für die Familie. Später holte ich noch einen kaufmännischen Abschluss nach.

D+D — Wie war es für eure junge Ehe, dass ihr bereits ein Kind hattet?

Enerico — Es hat uns zusammengeschweißt. Wir waren zwar noch jung, aber das Bewusstsein, dass wir für unsere Tochter die Verantwortung trugen, hat uns vereint.

Rebekka — Für uns war die Familie sehr wichtig. Es war klar: Wir sind für das Kind da und nicht das Kind für uns. Aber wir hatten immer darauf geschaut, dass unsere Ehe neben dem Kind nicht zu kurz kam. Unsere Kinder gingen bereits um 19:00 Uhr zu Bett. So hatten wir als Ehepaar auch Zeit für uns. Als sie älter wurden, verschob sich die Schlafenszeit natürlich nach hinten. Aber trotzdem mussten sie auch dann noch ab 20:00 Uhr auf ihrem Zimmer sein. Es ist ein Ehe-Killer, wenn die Kinder bis 23:00 Uhr wach sein dürfen. Das Paar hat so nicht mehr viel von der Ehe.

D+D — Eure Hochzeit ist bald 30 Jahre her und ihr seid immer noch glücklich verheiratet. Was sind eurer Ansicht nach die wichtigsten Gründe, die eure Ehe zum Gelingen geführt haben?

Rebekka — **Wir können miteinander über alles reden. Auch sprechen wir Probleme schnell an und suchen gemeinsam nach Lösungen. Wir haben uns bewusst füreinander entschieden und haben gemeinsame Ziele und Visionen. An der Ehe muss gearbeitet werden – täglich! Auch wir an unserer. Wir sind füreinander da und ermutigen uns gegenseitig. Und ein Tipp: Vergesst die Sexualität und die Romantik nicht!**

D+D Konntet ihr euch als Teenager denn schon **bewusst füreinander entscheiden?**

Rebekka Kurz nachdem Enerico für immer zu uns kam, stellte ich mir einmal die Frage: «Und? War das nun alles?» Ich fragte mich, ob ich mir überhaupt ein Leben mit ihm vorstellen konnte. Ich war natürlich in meinem Freundeskreis die Einzige, die verheiratet war und wurde von ihnen auch in Frage gestellt. Aber dann kam ich zu dem Schluss: «Nein, das war nicht alles. Mein Leben und das Leben mit Enerico beginnt ja erst!» Heute wird die Gründung einer Familie als das Ende der Reise angesehen. Aber eigentlich ist sie erst der Anfang. Der Start zu einem großen Abenteuer. Als Ehepaar bleibt man nicht dort stehen. Man entwickelt sich gemeinsam weiter.

Enerico Ja, wenn man sich gemeinsam weiterentwickelt. Es gibt Ehepaare, bei denen sich jeder unabhängig vom anderen weiterentwickelt. Das war auch eine Entscheidung: Wir wollen uns gemeinsam weiterentwickeln.

Dass ich mich für Rebekka entschieden habe, ist nur ein kleiner Teil. Vieles im Leben kommt einfach auf uns zu, ohne dass wir uns dafür oder dagegen entscheiden können. Es ist wie mit dem Tagesablauf. Kein Tag ist gleich wie ein anderer. Wenn ich morgens aufstehe, entscheide ich mich, das Beste aus dem Tag zu machen. In der Ehe ist es genauso. Ich entscheide mich immer wieder, das Beste aus der Situation zu machen.

Rebekka Die Entscheidung füreinander steht nicht nur einmal am Anfang. Sie muss immer wieder getroffen werden. So wie das Leben aus verschiedenen Phasen besteht, durchläuft auch eine Ehe verschiedene unterschiedliche Abschnitte. Immer wieder gibt es Hindernisse und Weggabelungen, die die Ehe vor Herausforderungen stellen. Für uns war immer sehr wichtig, dass wir diese Entscheidungen zusammen getroffen haben. Wir fragten nicht: «Das ist für *mich* besser. Und wie sieht es für *dich* aus?» Wir suchten gemeinsam nach Lösungen: «Was ist für *uns* am besten?» Der Egoismus muss in der Ehe aufgegeben werden. Damit meine ich nicht, dass man sich selbst aufgeben muss, aber es geht nicht mehr nur um mich.

Enerico Es gibt Ehepaare, die sich ganz auf ihre Kinder konzentrieren und dabei ihre Ehe vernachlässigen. Dann fliegen die Kinder aus und das Ehepaar hat plötzlich nichts Gemeinsames mehr. Eine Krise ist so vorprogrammiert. Schon als die Kinder noch zu Hause waren, mussten wir an unseren anderen Gemeinsamkeiten arbeiten. Die Früchte davon genießen wir heute. Wir entschieden uns immer wieder füreinander. Die Kinder sind eine Krönung dieser Entscheidungen.

Rebekka In unseren ersten Ehejahren trafen wir einmal eine wichtige Entscheidung. Wegen der Kinder gab es manchmal Streit bei uns. Das ist normal. Sobald Kinder in die Ehe kommen, gibt es mehr Konfliktpunkte. Der Erziehungsstil ist vielleicht nicht der gleiche. Einer ist strenger als der andere. Vielleicht ist der Mann eifersüchtig, wenn sich die Frau nur um das Baby kümmert und ihn bei Seite lässt.

Damals sagte ich manchmal: «Wenn wir uns einmal scheiden lassen, dann nehme ich unsere Tochter mit mir. Das ist schon mal klar.» Plötzlich realisierte ich, was ich eigentlich sagte. Daraufhin haben wir uns entschieden, dass wir das Wort *Scheidung* aus unserem Vokabular streichen. Wir sagten uns: «Wir lassen uns sowieso nicht scheiden. Wir tun alles, damit wir nicht geschieden werden!» Von da an haben wir das nie mehr gesagt – auch im größten Streit nicht.

Unsere Kinder hörten in der Schule von Scheidungen.

Jedes Kind kam einmal nach einer unserer Auseinandersetzungen zu uns und fragte: «Lasst ihr euch jetzt scheiden?» Wir konnten ihnen daraufhin mit Überzeugung antworten: «Nein. Du darfst wissen, dass wir alles daran setzen, dass es nie zu einer Scheidung kommt.» Damals hat uns diese Entscheidung sehr geholfen. Wir wussten von nun an, dass wir gar nicht erst davon sprechen mussten.

D+D Was hat es mit den **gemeinsamen Zielen und Visionen** auf sich?

Rebekka Unser erstes gemeinsames Ziel war natürlich, zu heiraten und Kinder zu haben. Als die Kinder klein waren, hatten wir die gemeinsame Vision, diese Kinder groß zu bekommen. Aber es gibt auch Tagesziele. Als Mutter musste ich schauen, dass ich den Tag über die Bühne brachte. Wenn ein Kind krank ist, ist das Ziel, dass es wieder gesund wird. So gibt es gemeinsame Tagesziele, Wochenziele und Monatsziele. Wichtig ist, dass nicht jeder eigene Ziele für sich hat, sondern dass man diese Ziele und Visionen gemeinsam trägt. Das schweißt zusammen und hilft, den Weg gemeinsam zu gehen. Wir setzten uns besonders in den Ferien das gemeinsame Ziel, nicht zu streiten. In den Ferien war Enerico plötzlich den ganzen Tag um die Kinder und mich herum. So gab es öfters Streit. Deshalb haben wir uns vor den Ferien zusammen hingesetzt und einander versprochen: «In diesen Ferien streiten wir uns kein einziges Mal.»

D+D Konntet ihr das immer durchziehen?

Rebekka Ja. Wir haben uns später etwas angewöhnt, das uns half, Streit zu vermeiden. Wir verbrachten damals zwei Ferienwochen in der Stadt Eilat in Israel. Dort gibt es einen Park, der *Timna* heißt. In diesem Park ist es trotz dem Versprechen fast zu einem Streit gekommen, weil einer oder beide von uns gereizt waren. Daraufhin haben wir abgemacht, dass wenn einer merkt, dass der andere gereizt ist, er das Codewort *Timna* sagt. Als es wieder einmal vorkam, dass ich zum Beispiel grantig wurde und die Stimmung herunterzog – und mit drei kleinen Kindern kann das schon mal passieren – sagte Enerico einfach *Timna*. Mir war sofort klar, was gemeint war und ich entschuldigte mich.

D+D Bringt das den Genervten nicht erst recht auf die Palme, wenn der andere ihm *Timna* an den Kopf wirft?

Enerico Man muss natürlich schon grundsätzlich einen guten Charakter haben. Für uns hat *Timna* etwas Humorvolles. Ich sage nicht vorwurfsvoll: «Jetzt bist du schon wieder voll *Timna*!» Ich sage vielmehr mit einem Schmunzeln: «*Timna*, gell.»

Rebekka Dann denkt der andere kurz darüber nach, was abgelaufen ist und beginnt auch zu schmunzeln. Wir haben in unserer Ehe viel mit Humor gelöst. In einer Ehe und Familie kommt man immer wieder in Situationen, die nicht so lustig sind. Aber trotzdem hat es oft mit Humor geendet.

Enerico Auch mit unseren Kindern haben wir sehr viel gelacht.

D+D Was ist euer Geheimnis, dass ihr eure Ziele und Visionen zu *gemeinsamen* Zielen machen konntet?

Rebekka Es gibt nichts anderes, als sich hinzusetzen und über die Ziele zu sprechen. Wo wollen wir hin? Was wollen wir tun? Was wollen wir werden? Das können auch gemeinsame Ferienpläne sein.

Enerico Nach ein paar Jahren Ehe wurde der Glaube an Gott für uns wichtiger. Wir haben uns auch zusammen in der Jugendarbeit der Kirche engagiert. Damit wollten wir bewusst ein gemeinsames Projekt haben, wo wir zusammen etwas für andere tun konnten.

Wir hatten auch ein sehr langfristiges gemeinsames Ziel: Weil wir bei unserer Hochzeit praktisch kein Geld hatten und viele unserer Bekannten in den Ferien weilten, hatten wir ein sehr schlichtes Hochzeitsfest. Da sagten wir uns: «An unserem 25. Hochzeitstag machen wir etwas ganz Besonderes!» 25 Jahre lang haben wir uns auf dieses Fest gefreut. Immer wieder haben wir uns daran erinnert: «Hey noch 15 Jahre.» – «Noch 10 Jahre.» – «Noch 3 Jahre.» – «Nächstes Jahr!» Und dann haben wir wirklich etwas Besonderes gemacht. Wir haben etwa 100 Leute eingeladen und ein Fest gefeiert, wie es zu uns passte. Wir beide kochten für alle. In zwei großen Wokpfannen haben wir Risotto mit Safran zubereitet.

Rebekka Wir hatten eine fünfstöckige Torte.

Enerico Das musste sein.

Rebekka Wir haben uns einen neuen Ehering gekauft.

Enerico Wir haben für uns beide ein T-Shirt bedruckt. Vorne stand «Enerico und Rebekka – forever in love» und hinten «wedding 25». Damit sind wir in die Ferien geflogen. Im Flugzeug haben wir deswegen gratis Champagner erhalten!

Rebekka Wir haben nach unserer Hochzeit keine Hochzeitsreise gemacht. Es ging nicht. Ich war im fünften Monat schwanger, Geld hatten wir keines und Enerico musste wieder zurück nach Italien. So haben wir das an unserem 25. Hochzeitstag nachgeholt.

Enerico Dieses einfache gemeinsame Ziel hat uns verbunden.

Rebekka Wir hatten aber nicht nur Ziele für uns. Dieses Fest oder Ferien sind Highlights. Aber es gab gerade auch im Zusammenhang mit den Kindern sehr viele Ziele, die wir uns nicht selbst ausgesucht hatten. Wenn eines unserer Kinder Probleme in der Schule hatte, haben wir als Eltern zusammen dafür gebetet. Plötzlich war eine Herausforderung da und wir haben sie zusammen gemeistert. Dass wir gemeinsam Probleme angehen konnten, hat uns zusammengeschweißt. Gerade auch das gemeinsame Gebet hat uns geholfen, dass die jeweiligen individuellen Ziele unsere gemeinsamen Ziele wurden.

Enerico Ja, genau. Als unser zweites Kind drei Jahre alt war, stellten die Ärzte eine Behinderung fest. Aber das hat unserer Ehe nicht geschadet. Wir sagen oft: Unsere Ehe und unsere Familie wäre nicht so, wie sie ist, wenn wir unseren Sohn nicht hätten.

Rebekka Aber auch sonst. Es gab immer wieder Lebenssituationen, in denen wir nicht gewusst haben, welchen Weg wir nun einschlagen sollten. Da konnten wir nicht anders, als zusammen zu beten und Gott die Last abzugeben. Ich fragte mich, wie es andere Menschen machen, die ihre Sorgen nicht bei Gott abgeben können. Aber auch als Familie hat uns das Gebet viel geholfen. Wenn wir spürten, dass irgendetwas nicht mehr gut war, hatten wir jeweils am Abend eine Familiensitzung einberufen. Jeder konnte sagen, was ihn störte. Da wurde oft auch geweint und nicht selten herrschte eine sonderbare Stimmung. Wir haben uns aber gegenseitig für das, was vorgefallen war, entschuldigt und einander vergeben. Am Schluss, wenn wir zusammen gebetet hatten, spürten wir oft, wie dieses Gebet ein Neuanfang war, der uns wieder neu miteinander verband.

Wir haben uns von Gott getragen gefühlt. Als wir herausfanden, dass unser Sohn eine Behinderung hat, bedrückte mich das. Ich bin eine Person, die manchmal etwas weit denkt. Als ich mit ihm zur Therapie gehen musste, fragte ich die Therapeutin als erstes: «Wird mein Sohn wieder gesund?» Sie antwortete: «Er lernt, damit zu leben.» Da wusste ich, dass das nun eine lange Aufgabe für uns werden würde. Ich sagte Gott: «Du hast uns dieses Kind geschenkt. Für irgendetwas wird das gut sein. Wie sollen wir mit dieser Situation umgehen?» Es dauerte nicht lange, da erhielt ich aus der Bibel die Zusage von Gott: «Ich kümmere mich um ihn.» Jahrelang habe ich mich an dieses Versprechen geklammert. Als er zum Beispiel eine Schule brauchte, die auf ihn zugeschnitten war, betete ich: «Du weißt, er braucht eine Schule. Du hast versprochen, dass du dich um ihn kümmern wirst.» Da öffnete sich eine Tür zu einer idealen Schule. Dasselbe bei der Lehrstelle und an vielen anderen Orten. Jetzt lebt er zusammen mit guten Freunden in einer Wohngemeinschaft. Er hat eine liebe Freundin. Nicht wegen mir. Gott hat sein Wort gehalten. Er hat sich durch alle diese Jahre hindurch um unseren Sohn gekümmert. Für uns ist das ein Wunder, obwohl wir eigentlich wissen, dass Gott so ist. Er ist treu und steht zu seinen Versprechen. Durch sein Versprechen wurden wir getragen. Sechs Jahre später hatten wir als Eltern wieder mehr Kraft und Kapazität, so dass wir uns für das langersehnte dritte Kind entschieden. Wir wurden nochmals mit einer Tochter beschenkt.

D+D Ein anderer Punkt war: **«Wir sind füreinander da und ermutigen uns gegenseitig.»** Wie macht ihr das?

Enerico Hmm. Wir mussten unseren Sohn immer wieder zu verschiedenen Abklärungstests begleiten. In St. Gallen gab es ein Zentrum für Wahrnehmungsstörungen. Stundenlang waren wir dort und machten Tests. Wenn man am Abend rausgekommen ist, wollte man am liebsten nur noch weinen. Da haben wir uns gegenseitig immer wieder gestützt und ermutigt.

Aber im Alltag ... ich bin eher ein humorvoller Typ. Ich glaube, ich konnte Rebekka schon oft mit meinem Humor aufheitern.

Rebekka Wir rufen einander mindestens einmal tagsüber an. Wenn ich zum Beispiel etwas Unangenehmes erlebe oder von jemandem verletzt werde, dann weiß ich, dass ich Enerico anrufen kann. Er tröstet mich per Telefon. Er hat auch schon angerufen, weil er ein größeres Problem bei der Arbeit hatte. Da haben wir am Telefon zusammen dafür gebetet. Am Morgen, wenn ich einige Zeit vor Gott verbringe, bete ich für alle in unserer Familie; für unsere Kinder und natürlich für Enerico. Das kann ich konkreter, wenn ich weiß, was bei ihm los ist und wo er zurzeit dran ist.

Enerico Es hilft mir zu wissen, dass Rebekka erreichbar ist, wenn ich vor einem schwierigen Problem stehe. Ich kann sie anrufen und sie bitten, auch zu beten. Sie sagt dann nicht: «Was? Du schon wieder?» Sondern: «Doch, ich mache das für dich!» Das ist für mich gegenseitige Unterstützung.

Rebekka Viele sagen, sie würden ihren Ehepartner wertschätzen. Aber ich erachte es als wichtig, dass man sich gegenseitig die Wertschätzung auch zeigt. Es passieren im Alltag immer wieder unabsichtlich Dinge, die zwischen uns als Ehepaar kommen können. Da ist es wichtig, dass er weiß, dass er mein Bester ist. Es gibt keinen besseren für mich. Ich sage ihm auch, dass er der beste Vater für unsere Kinder ist. Je mehr ich es ihm also zeige, desto sicherer ist er sich auch, wenn mal etwas nicht rund läuft. Genau gleich fühle auch ich mich durch kleine Gesten wertgeschätzt.

D+D Gibt es auch Momente, in denen diese Unterstützung nicht da ist und ihr euch eher als Gegner fühlt?

Rebekka Als die Kinder kleiner waren, hatte ich manchmal das Gefühl, dass wir gegeneinander waren. Er war in der Erziehung viel strenger als ich. Da sagte ich ab und zu: «Moment mal, das können wir jetzt nicht gebrauchen.» Aber wir mussten gemeinsam darüber sprechen. Ich musste mein Innerstes offenbaren und er auch. Wir mussten beide gegenseitig herausfinden, wie wir ticken. Ich musste lernen, wie ein Mann denkt und Enerico musste lernen, wie eine Frau fühlt. Das natürlich im Alltagsleben, aber besonders auch in der Sexualität. Ich glaube, dass es da besonders viel Streit gibt. Wir haben schon andere Ehepaare begleitet und unterstützt. Da waren die sexuellen Unterschiede immer wieder ein Thema. Der Mann hat das Gefühl, dass die Frau ihn zurückweist. Die Frau hingegen hat das Gefühl, er wolle immer nur das eine.

Mein Mann verstand es am Anfang nicht, wenn ich einmal Nein sagte. Er fühlte sich persönlich abgelehnt. Ich hingegen fühlte mich als Objekt. Aber beides war falsch. Eigentlich sind wir Frauen wie ein schönes Haus mit einer Autogarage. Der Mann wünscht sich, dass das Garagentor immer ganz weit offen steht, damit er sofort hineinfahren kann, wenn er nach Hause kommt. Für den Mann bedeutet es nach Hause zu kommen, wenn er seelisch und körperlich zur Frau kommt. Ich bin nicht sein Objekt, sondern seine Geborgenheit. Das muss ich als Frau lernen zu verstehen.

Wenn aber nun in der Garage eine Unordnung herrscht, schließt die Frau das Tor. Sie möchte zuerst aufräumen. Oft läuft im Innern einer Frau viel ab, dann ist sie nicht bereit, offen dazustehen. Der Mann kann sanft anklopfen. Wenn sie soweit ist, macht sie das Tor auf. Aber er muss verstehen, dass sie zugemacht hat, weil eine Unordnung herrschte oder vielleicht, bildlich gesprochen, der Wasserhahn tropft. Das bezieht sich nicht nur auf den Geschlechtsverkehr, sondern auf die ganze Beziehung zwischen Mann und Frau.

D+D Kann der Mann beim Aufräumen helfen oder muss das die Frau allein tun?

Rebekka Der Mann kann zum Beispiel fragen, wie der Tag gewesen ist. Wenn ich erzählen kann, habe ich anschließend meistens schon aufgeräumt.

Die Unterschiede von Mann und Frau haben wir dadurch gelernt, dass wir miteinander geredet haben. Ich erklärte Enerico meine Sicht: «Ich empfinde das so: Wenn du nach Hause kommst, dann sehe ich dir sofort an, dass du Sex mit mir möchtest. Ich denke dann: Bin ich nur ein Objekt für dich? Dann drehe ich mich ab und falte weiter die Wäsche zusammen. Vielleicht schreit daneben noch ein Kind.» Seit ich aber verstehe, wie ein Mann tickt, kann ich das besser nachvollziehen. Er will nach Hause kommen zu mir in die Geborgenheit.

Ich erwarte aber auch von ihm, dass er versucht zu verstehen, wenn ich einmal Nein sage. Wenn ich mal keine Lust habe, bedeutet das nicht, dass ich ihn nicht mehr liebe! In dieser Sache fühlten wir uns früher manchmal eher gegeneinander als miteinander.

Enerico Aber auch heute sind wir manchmal nicht ein Team. Wir sind auch nur Menschen. Aber ich denke, es ist besser, wenn man sich aneinander schleift und Auseinandersetzungen hat, als dass man den Problemen aus dem Weg geht und damit auch einander aus dem Weg geht.

Rebekka Das war bei uns vor allem während der Pubertät unserer Kinder so. Die Kinder sind ein Schleifstein – da lernt man sich kennen! Ich zum Beispiel bin sehr harmoniebedürftig. Ich halte es nicht aus, wenn ein Streit in der Familie ist. Als unsere älteste Tochter pubertiert hat, waren sie und Enerico wie Hund und

Katze miteinander. Wenn sie etwas von ihrem Vater wollte, ist sie zu mir gekommen. Ich ging dann zu Enerico und überbrachte ihr später die Antwort. Das habe ich jahrelang mitgemacht. Wenn die beiden Krach hatten, war ich diejenige, die schlichtend dazwischen gestanden ist. Er kam zum Beispiel zu mir und sagte: «Es wäre gut, wenn unsere Tochter heute wieder einmal zu Hause bleiben würde.» Dann ging ich zu ihr und sagte: «Papa denkt, dass es gut wäre, wenn du heute wieder einmal zu Hause bleiben würdest.» Als ich dieses Spiel realisierte, sagte ich zu mir: «Rebekka, bist du eigentlich dumm?» Von einem Tag auf den anderen hörte ich damit auf. Wenn er wieder zu mir kam, sagte ich: «Weißt du was? Geh selbst zu deiner Tochter.» Das war ein Lehrstück für mich. Ich tat das nur, um Konflikte in der Familie zu vermeiden. Aber es bringt nichts, wenn man den Konflikten aus dem Weg geht. Bei unserem Sohn und der zweiten Tochter habe ich das bewusst nicht mehr gemacht!

D+D **«An der Ehe muss gearbeitet werden – täglich!»** Warum? Reicht es nicht, dass ihr euch füreinander entschieden habt?

Rebekka Wir sind nicht mehr gleich wie damals, als wir uns füreinander entschieden haben. Man verändert sich.

Enerico Das ist eben das Problem. Darum muss man jeden Tag an der Ehe arbeiten.

Rebekka Wenn man sie einfach lässt, dann ist die Ehe tot.

Enerico Ein Beispiel, wie ich täglich an unserer Ehe arbeite: Ich gehe morgens früh aus dem Haus und komme erst abends wieder nach Hause. Rebekka steht meistens erst auf, wenn ich bereits weg bin. Also rufe ich meine Frau täglich einmal vom Geschäft aus an. Ich mache es nicht aus Gewohnheit, sondern weil ich ein Verlangen nach Rebekka habe. Mit diesem Anruf sage ich ihr auf meine Art: Ich habe dich gern. Ich frage sie: «Bist du gut aufgestanden? Was hast du jetzt vor? Was machst du heute?»

D+D Wann rufst du jeweils an?

Enerico Das ist ganz unterschiedlich. Manchmal vom Büro aus oder erst später, wenn ich geschäftlich mit dem Auto unterwegs bin. Es kommt auch vor, dass ich manchmal zwei oder drei Mal einen Versuch starten muss, weil niemand antwortet.

Rebekka Meistens weiß er aber zuvor, welche Termine ich habe. Wir sagen uns das bewusst im Voraus. Wenn die Sitzung der Schulpflege genau dann ist, wenn er nach Hause kommt, schreibe ich ihm eine Notiz: «Gell, du erinnerst dich, dass ich noch an einer Sitzung bin und erst um 19:00 Uhr nach Hause komme.» Weil ich weiß, was Enerico vorhat, nehme ich an seinem Leben teil.

D+D Wann teilt ihr euch die verschiedenen Termine mit?

Rebekka Manchmal schaue ich am Wochenende meinen Terminkalender an und sage: «Nächste Woche wird stressig. Ich habe diese und jene Termine.» Weil er sich für mich interessiert, hat er diese Termine ungefähr im Kopf.

Enerico Manchmal sitzen wir auch am Abend noch auf dem Sofa und reden ganz ungezwungen über all diese Dinge.

D+D Gibt es Bereiche, bei denen ihr mehr Arbeit investieren müsst und andere, die weniger Arbeit benötigen?

Enerico Also, wenn ich beginnen darf: Manchmal hätte ich es gerne, wenn sie weniger Bücher lesen würde. Dann hätten wir etwas mehr Zeit füreinander. Manchmal komme ich nach Hause und sie sitzt in der Sitzecke oder sonst irgendwo ganz in ihr Buch vertieft.

Rebekka Es ist halt meistens gerade sehr spannend.

Enerico	Auf meiner Seite weiß ich natürlich schon auch, wo ich sie immer nerve. Wenn ich meine Kleider im Zimmer einfach so liegen lasse.
Rebekka	Nein, daran habe ich mich mittlerweile gewöhnt und lasse sie einfach liegen. Was mich mehr aufregt, sind so gewisse Macken. Zum Beispiel wenn er die Schlüssel irgendwo hinlegt.
Enerico	Ja, ich suche die Schlüssel oft. Rebekka ist sehr organisiert und Perfektionistin. Sie legt meistens alles an den gleichen Ort.
Rebekka	Aber nach meiner Methode habe ich keine Mühe, meine Schlüssel zu finden.
Enerico	Ja, ich frage jeweils: «Rebekka, hast du meine Schlüssel gesehen?» – «Nein.»
Rebekka	Natürlich wusste ich, wo sie waren, aber ich dachte mir: «Jetzt muss er es lernen.» Früher einmal, als er die Schlüssel wieder an einen unmöglichen Ort hingelegt hatte, habe ich sie versteckt und ihn suchen lassen.
Enerico	Das hat sie wirklich geärgert.
Rebekka	Ich musste bei diesem Thema lernen, nicht so viel zu nörgeln. Ich ging davon aus, dass wenn er sagt, er liebe mich, er sich dann auch Mühe gibt. Aber er macht sich ja eigentlich nur selbst das Leben schwer. Wenn er den Schlüssel immer an den gleichen Ort legen würde, müsste er ihn nie suchen. Wenn ich ihn dabei beobachte, wie er etwas hervor nimmt und dann einfach irgendwo hinlegt, rege ich mich sofort auf.
Enerico	Was meinen Bürotisch anbelangt, bin ich ordentlich. Da ist auch alles schön aufgeräumt. Sonst finde ich auch nichts mehr. Im Laufe der vielen Ehejahre …
Rebekka	… hast du dich gebessert.
Enerico	Sehr, sehr! (Er schmunzelt).
Rebekka	Bei solchen Konflikten kommt die Gefühlsebene dazu.

Wenn ich den Schlüssel irgendwo liegen sehe, nehme ich ihn und verräume ihn sehr geräuschvoll. Bevor er es sagt, höre ich ihn schon in meinem inneren Ohr: «Jetzt hat sie die Schlüssel wieder gesehen.» Oder irgend so etwas. Da merke ich: «Oha, jetzt ist irgendetwas in der Luft.» Ich sage mir: «Lass es gut sein, Rebekka.» Ich beruhige mich wieder und lasse es bleiben. Aber irgendwann ist das Fass wieder einmal voll und mein Ärger verschafft sich Luft. Dann macht er mir den Vorwurf, ich nörgele. Damit habe ich Mühe. Es ist doch etwas, womit er sich das Leben schwerer macht – und mein Leben dazu. Er muss immer wieder die Schlüssel suchen. Ich gebe mir schon Mühe, dass ich nicht jedes Mal gleich in die Luft springe. Das ist ein Punkt, wo wir beide dran arbeiten müssen.

Kürzlich haben wir ein Abkommen getroffen. Ich hasse es, wenn Enerico seine Socken im Wohnzimmer herumliegen lässt. Ich verstehe das nicht! Warum muss er die Socken im Wohnzimmer ausziehen? Er kann sie doch ins Schlafzimmer zu den andern Kleidern tun, wie jeder halbwegs normale Mensch. – Er hingegen regt sich auf, wenn ich beim WC-Papier die Rolle nicht wechsle, wenn nur noch ein Blatt dran ist. Wir kamen also überein, dass ich das mit dem letzten Blatt nicht mehr mache und er die Socken nicht mehr liegen lässt.

Enerico — Und es klappt!

Rebekka — Ja, *bis jetzt* klappt es.

D+D — Wenn die Stimmung durch so etwas gereizt ist, wie findet ihr wieder zueinander?

Enerico — Manchmal gibt es eine größere Eskalation. Der Schlüssel oder die Socken sind nur der Auslöser, die dann weitere Sachen ans Tageslicht bringen.

Rebekka — Das ist jeweils verletzend und nicht lustig. Meistens beginnt ein Streit wegen einer Kleinigkeit. Dann stresst ihn das so, dass er mir Dinge vorwirft, die mich sehr verletzen. Ich beginne zu weinen und er sagt: «Natürlich musst du jetzt wieder weinen.» Dann kann ich auch hart sein. Ich weiß jeweils genau, wie auch ich ihn verbal verletzen kann. So verletzen wir uns gegenseitig. Dann gehe ich zu Bett, ohne *Gute Nacht* zu sagen. Fertig, Schluss.

Enerico — Manchmal sage ich dann: «Entschuldigung, Rebekka. Ich werde mir Mühe geben.» Und dann entspannt sich die Situation sofort.

Rebekka — Ja, wenn er sich entschuldigt, habe ich keine Gegenargumente mehr. Das nimmt mir die ganze Angriffskraft. Die Entschuldigung braucht es, um weiterhin gut miteinander leben zu können. Ich erhalte jeweils am nächsten Tag eine SMS oder einen Telefonanruf von Enerico, in dem er sich entschuldigt. Dann ist es wieder gut. Früher hielten wir es einige Tage aus, ohne miteinander zu sprechen. Davon raten wir aber ab und tun es bewusst nicht mehr.

D+D — Wie wisst ihr, wer von beiden sich nun entschuldigen muss?

Rebekka — Heute weiß es meistens derjenige, der den anderen verletzt hat.

D+D — Wie ist es, wenn beide überzeugt sind, der andere sei schuld gewesen?

Enerico — Dann sprechen wir darüber.

Rebekka — Wir sagen einander, was es in uns ausgelöst hat: «Ich empfand das so, als du das gesagt hast.» Dann gibt es manchmal ein Aha-Erlebnis: «Ich realisiere erst jetzt, dass dich das verletzt hat.»

Enerico — Es geschieht oft ganz unabsichtlich. Am Morgen sehe ich zum Beispiel, wie schön das Wetter ist und nehme mir vor: «Heute Abend, wenn ich nach Hause komme, gehe ich Fahrrad fahren!» Vielleicht hat aber Rebekka etwas ganz anderes vor und sagt am Abend, wenn ich die Fahrradhosen anziehe: «Nein, wir sollten jetzt das und das machen.» Ich bin überrumpelt und antworte: «Jetzt ist so schönes Wetter. Da müssen wir doch nicht unbedingt das tun.» Dann sage ich vielleicht irgendetwas Komisches. Und sie gibt dann vordergründig nach und sagt: «Dann geh doch du Fahrrad fahren, *wenn dir das wichtiger ist.*»

Rebekka Ja, das sind so Sticheleien. Hier sind wir in etwas hineingeraten, was wir gar nicht gewollt haben. Dann sprechen wir später darüber.

Enerico Jeder merkt, dass er vielleicht doch auch einen Stolperstein hingestellt hat. Und dann entschuldigen und versöhnen wir uns.

Rebekka Man kann sich aber auch entschuldigen, wenn man gar nicht schuld ist. Ich habe gemerkt, dass das das Terrain aufweichen und so viel besser eine Lösung gefunden werden kann. Ich sage mir: «Ich bin verletzt worden. Ich gehe aber trotzdem auf ihn zu, vielleicht habe ich ihn ja auch verletzt.»

Vor ein paar Jahren habe ich begonnen, in diesen Situationen meinen Mann im Stillen zu segnen.

D+D Was sicher Überwindung braucht?

Rebekka Ja! Ich könnte ihm jeweils was weiß ich wünschen ... aber dann spreche ich bewusst aus – ohne dass er es mitbekommt: «Ich segne dich, Enerico, im Namen von Jesus.» Einmal hatten wir einen Streit wegen eines Blödsinns. Ich brachte danach den Müllsack nach draußen. Wir wohnten damals im obersten Stock des Hauses. Ich musste bis zur Wohnung 49 Stufen hochgehen. Pro sieben Stufen gab es einen Absatz. Ich zwang mich bei jedem Absatz, diese Segensworte zu sagen. Es war sehr hart. Aber als ich oben die Tür öffnete, kam mir Enerico entgegen und entschuldigte sich. – Es hat genützt!

Enerico Aber dazu muss man ganz oben wohnen (beide lachen).

Rebekka Ich sagte: «Herr Jesus, du verstehst mich. Aber er nicht!» – Manchmal habe ich auch einen Brief geschrieben. Dadurch konnte ich meine Wut niederschreiben. Ich schrieb, was ich beim Streit empfunden hatte und wie mich seine Äußerungen verletzt hatten.

D+D Hast du ihm den Brief jeweils gegeben?

Rebekka Nein, ich glaube nicht. Es war mehr ein schriftliches Gespräch mit Gott. Es hat auch schon Situationen geben, wo wir einander geschrieben hatten, weil es so besser ging. Aber das ist schon eine Weile her. Wir hatten einander vor unserem zweiten Ehejahr schon so viel geschrieben!

D+D Nun zu einem anderen Thema. Ihr habt gesagt, man soll die **Sexualität und Romantik nicht vergessen.** War das immer einfach für euch?

Enerico Als die Kinder kamen, war es nicht immer leicht. Als sie größer wurden, war dann plötzlich das Wohnzimmer für Sex tabu. Wir haben uns aber immer sehr Mühe gegeben, die Romantik verbunden mit der Sexualität aktiv und abwechslungsreich zu halten.

Rebekka Da muss man den Kick reinbringen. Man sollte nicht nur sagen: «Jetzt ist Samstagabend, bringen wir es hinter uns.»

Enerico Wir haben Phantasien und anderes in unsere Ehe eingebracht. Das hilft, die Romantik und die Sexualität zu entfalten. Zum Beispiel haben wir einmal aus Spaß ein Mückennetz über dem Bett installiert. Die Sexualität soll leben und nicht nur zur Befriedigung da sein.

Rebekka — Es ist aber auch nicht immer gleich möglich. Zum Beispiel wenn die Kinder zu Hause sind, dann muss man sich die Zeit dafür erhaschen. Man kommt nicht darum herum, das zu planen. Nach der Geburt eines Kindes oder bei gesundheitlichen Problemen muss das Thema Sex hinten anstehen. Der Drang des Mannes ist stärker als bei der Frau. Da fragte ich Enerico: «Was tust du, wenn ich einmal schwer krank bin und du Monate lang nicht kannst?» Er antwortete: «Das geht dann schon. Ich würde mich hinein schicken.» Dazu kam es zum Glück noch nie. Für mich als Frau ist es gerade nach einer Geburt wichtig, nicht zu vergessen, dass ich nicht nur Mami bin, sondern auch Ehefrau. Man muss auch kreativ werden. Wenn man am Abend zu müde ist, weil das Kind dich alle paar Stunden weckt, dann muss man halt während des Tages einmal ein wenig Zeit einplanen.

Enerico — Die Sexualität wurde mit den Jahren auch immer besser. Am Anfang war es doch auch ab und zu frustrierend.

Rebekka — Man kennt sich halt immer besser. Mit der Zeit kommt eine Tiefe in die Ehe. Ich könnte mir nicht vorstellen, diese Tiefe wegzuwerfen und mit jemand anderem von vorne zu beginnen. Ich bin sehr froh, dass Gott unsere Ehe schützt.

D+D — Wie ist es gekommen, dass ihr Gott in eure Ehe mit einbezieht?

Rebekka — Schon bald nach unserer Heirat lernte ich auf dem Spielplatz eine Nachbarin kennen, die Frisörin war. Sie schnitt mir von da an jeweils bei sich zu Hause die Haare. Da sah ich, dass sie überall Bibelsprüche aufgehängt hatte. Ich fragte sie, ob sie religiös sei. Sie antwortete, sie sei nicht religiös, sie glaube. Ich dachte für mich, ich glaube doch auch an Gott. Jedes Mal, wenn ich meine

Haare machen ließ, erzählte sie mir von ihrem Glauben an Gott. Ich ging jeweils nach Hause, nahm die Bibel aus dem Konfirmandenunterricht hervor und las nach, ob das stimmte, was sie erzählt hatte. Dann geschah etwas Sonderbares. Kurz nach der Geburt unseres zweiten Kindes litt ich plötzlich unter der großen Angst, dass es am plötzlichen Kindstod sterben könnte. Ich konnte das Enerico nicht sagen, da er damals selbst eine ängstliche Person war. Wenn ich es ihm erzählt hätte, hätten wir uns nur gegenseitig angestachelt. Tagsüber ging ich immer wieder zu unserem Sohn, um zu sehen, ob er noch atmet. In der Nacht sah ich das aber nicht. Meine Angst wuchs dermaßen an, dass ich ihn jeweils aufweckte, um zu sehen, ob er noch lebte. Er begann natürlich zu weinen, was mir und ihm den Schlaf raubte. Als ich die Angst kaum mehr aushielt, betete ich zu Gott: «Nimm unseren Sohn zu dir oder lass ihn bei uns. Aber nimm mir bitte diese Angst weg.» Natürlich kannte ich die wirklichen Konsequenzen des Verlustes eines Kindes nicht, aber ich war bereit, das Kind herzugeben, um nicht mehr Angst haben zu müssen. Aber am nächsten Morgen, als ich aufwachte, stellte ich erstaunt fest, dass die Angst verschwunden war. Von einem Tag auf den anderen war ich frei. Das war das erste Mal, dass ich Gott konkret erlebt hatte. Das nahm mir meine Zweifel, so dass ich mein Leben Jesus Christus anvertraute. Später habe ich erfahren, dass meine Großmutter auch ein Leben mit Jesus Christus geführt hat. Sie habe viele Jahre dafür gebetet, dass ich Jesus Christus auch kennen lernen möge.

Enerico Ich habe ein halbes Jahr nach Rebekka den Weg zu Gott gefunden. Ich war zuvor eine sehr sorgenvolle Person. Immer wenn in der Familie etwas passiert war, fragte ich mich, was ich Verkehrtes getan hatte.

Rebekka Als unsere Tochter krank geworden war, fragte er: «Was

	habe ich getan, dass sie nun krank geworden ist?»
Enerico	Schritt für Schritt wurde ich mit Gottes Hilfe von diesen Sorgen befreit. Ich lernte, dass ich nicht alles selbst tragen muss. Das ist wie bei unserem Hobby – dem Tandem fahren. Da tragen wir uns auch gegenseitig.
D+D	Ihr fahrt zusammen Tandem?
Enerico	Ja, wir machen kleinere und größere Touren damit. **Ein Tandem hat übrigens viele Parallelen zur Ehe.** Wir fahren mit dem Tandem beide in die gleiche Richtung. Das Ziel ist für beide das gleiche. Es kann nicht einer links abbiegen, während der andere weiter geradeaus fährt.
Rebekka	Da hat man keine andere Wahl. Die Konsequenz von zwei unterschiedlichen Zielen wäre nämlich, dass beide zu Boden stürzen. Man muss sich darüber unterhalten, wohin man fahren will. Auch in der Ehe sollte man sich über die gemeinsamen Ziele unterhalten und dann zusammen darauf hinarbeiten.
Enerico	Wie eine Ehe Situationen erlebt, die gemeinsam durchlitten werden müssen, so leidet man auch zusammen auf dem Tandem. Wir unternahmen in den Ferien auf Sardinien einige Tandemtouren. Die Hitze war manchmal unerträglich. Die Straße führte hinauf und hinunter. Ich konnte nicht einfach unser Wasser austrinken und dann erstaunt fragen: «Was? Du wolltest auch noch welches?» Beim Tandem wie in der Ehe hat der Egoismus keinen Platz.
Rebekka	Man erlebt beim Tandem fahren und in der Ehe alles gemeinsam. Wenn es hoch geht, tritt man zusammen in die Pedale und schwitzt zusammen. Wenn es hinunter geht, können beide ausruhen.
Enerico	Wenn es Probleme gibt, geht das beide etwas an. Die Gangschaltung funktionierte nicht richtig. Rebekka konnte nicht sagen: «Da musst du jetzt selbst schauen,

mir ist das egal.» Wir saßen da beide mit drin.

Rebekka Wie in einer Ehe haben beide unterschiedliche Verantwortungen. Er schaut vorne auf die Straße und ich schaue immer wieder nach hinten, ob mit dem Gepäckanhänger alles in Ordnung ist. Wenn wir bei einer Kreuzung anhalten müssen, ist es seine Verantwortung mit dem Fuß das Tandem abzustützen. Ich bleibe immer in den Pedalen. Dafür ist es meine Verantwortung, die Pedale in dieser Zeit so zu richten, dass das linke oben ist, damit Enerico, wenn er wieder in die Pedale tritt, gut losfahren kann. Wenn ich meinen Teil nicht wahrnehme, dann ist es für ihn mühsam, loszufahren.

Enerico Aber wenn man das zusammen durchzieht und nicht einer plötzlich aussteigt und weggeht, erlebt man zusammen ganz viele schöne und spannende Abenteuer.

D+D Ganz herzlichen Dank für das Gespräch!

«Together we are strong»

Therese und Res Hubler

Res und Therese Hubler führen in der fünften Generation die «Krone Bätterkinden». Der überwiegende Teil der Zeit mit ihrem Ehepartner verbrachten sie bisher nicht in der Freizeit, sondern im Betrieb. Sie arbeiten gemeinsam in einer hektischen Branche und mussten schon viele Herausforderungen meistern. Dabei etablierten sie die Krone zu einem angesehenen Gourmet-Lokal und erhielten Auszeichnungen wie 17 GaultMillau-Punkte und einen Michelin-Stern. Vor fünf Jahren schlossen sie diesen Betrieb und eröffneten ihn neu als soziale Arbeits- und Wohngemeinschaft.[1] Die beiden sind heute über dreißig Jahre verheiratet.

Res Hubler lernte früh, was arbeiten ist. Bereits mit sieben Jahren half er kräftig im elterlichen Betrieb mit. Zum damaligen Gasthof gehörte auch ein Bauernhof mit Kühen und Pferden. Privatsphäre gab es für die Familie keine. Eltern und Kinder bewohnten je ein Schlafzimmer mit einem gemeinsamen Badezimmer. Die Toiletten teilten sie mit den Gästen. Ihr Wohnbereich war die Küche und die Gaststube. Res Hubler machte eine Ausbildung zum Koch und besuchte die Hotelfachschule in Lausanne. Nach vier Wanderjahren und dem Abschluss als eidg. dipl. Küchenchef kam er wieder in den Familienbetrieb zurück.

Therese Hubler (1952) Res Hubler (1949) Hochzeit: 1978 2 erwachsene Töchter

Therese Hubler verbrachte ihre Schulzeit in den USA und in England. Ursprünglich aus dem Emmental nahm ihr Vater aus beruflichen Gründen seine Familie mit über den Ozean. Zurück in der Schweiz besuchte sie die Hotelfachschule in Lausanne. Anschlie-

[1] www.kronebaetterkinden.ch

ßend machte sie Pläne, eine Weile in Südafrika zu arbeiten. Die Familie ihrer Freundin besaß dort ein Hotel, in dem sie eine Stelle antreten sollte. Da sie aber noch ein Jahr in Irland weilte, kümmerte sie sich nicht rechtzeitig um die Einreiseformalitäten für Südafrika. Zudem benötigten die zuständigen Behörden viel Zeit, Thereses Visum zu bearbeiten. In der Zwischenzeit wohnte sie bei ihren Eltern in Zürich und wartete auf das Visum.

Eines Morgens bat ihre Mutter sie um einen Gefallen: «Erinnerst du dich an Frau Cornu aus dem Gasthof Bären in Twann? Sie kommt heute mit ihrer Freundin mit der Bahn nach Zürich und hat mich gebeten, sie mit dem Auto nach Dietikon zu einer Staubsaugeraustellung zu bringen. Leider findet gerade zu dieser Zeit mein Spanischkurs statt. Darf ich dich bitten, diese beiden Frauen vom Land nach Dietikon zu fahren?» Therese willigte ein. Während der Autofahrt sprachen die drei Frauen miteinander. Es stellte sich heraus, dass alle drei etwas gemeinsam hatten: Sie alle waren im Gastgewerbe tätig. Therese hatte die Hotelfachausbildung, Frau Cornu führte mit ihrem Ehemann den Bären in Twann und Frau Hubler mit ihrem Mann die Krone in Bätterkinden. Frau Hubler klagte, dass sie Mühe habe, qualifiziertes Personal zu finden. Deshalb machte sie Therese ein Angebot: «Falls du nicht nach Südafrika gehst, würden wir dich gerne für die Sommersaison in der Krone anstellen.» Da das Visum noch längere Zeit auf sich warten ließ, nahm Therese nach einigen Überlegungen die Stelle an und reiste mit 24 Jahren nach Bätterkinden in den Kanton Bern. In der Krone lernte sie den Sohn von Hublers kennen, da er im elterlichen Betrieb mitarbeitete. Res war schon bald von Therese beeindruckt. Ihre Schönheit, aber vor allem auch ihre attraktive Persönlichkeit zog ihn an. Es imponierte ihm, wie sie kompetent ihre Arbeiten im Landgasthof erledigte. Nach mehreren Annäherungsversuchen funkte es auch bei ihr. Zwei Jahre nach Thereses Ankunft heirateten die beiden. Südafrika hatte sie nie gesehen. Seit mehr als dreißig Jahren arbeitet sie nun mit Res zusammen in der Krone Bätterkinden. Den Betrieb konnten sie ein Jahr nach ihrer Hochzeit von seinen Eltern übernehmen.

Auf die Frage, warum Therese Res geheiratet hat, sagt sie:

Therese	Wir arbeiteten eng zusammen und verstanden uns bestens. Ich lasse mich von der Vernunft leiten. Res hingegen ist wesentlich emotionaler. So haben wir uns gut ergänzt.
Res	Während wir zusammen arbeiteten, ist die gegenseitige Achtung gewachsen. Uns beiden sind Faktoren wie Kompetenz und Zuverlässigkeit wichtig. Beim Arbeiten haben wir gesehen, dass auch der andere diese Eigenschaften mitbringt. Ich kann mich auf Therese verlassen. Unsere Beziehung war aber nicht so spektakulär romantisch, wie ich das manchmal bei anderen beobachtete.

D+D	Ihr seid mehr als 30 Jahre verheiratet. Was sind die Gründe, dass eure Ehe bis heute gehalten hat?
Therese	Es gibt mehrere. **Einerseits unser gemeinsames Fundament im Glauben an Gott, aber auch das uneingeschränkte gegenseitige Vertrauen und der Respekt, die Bereitschaft, einander immer wieder zu vergeben und unsere gemeinsamen Ziele.**
D+D	Beginnen wir beim Letzten. Beziehen sich die **gemeinsamen Ziele** auf euren Betrieb?
Res	Ja genau. Dadurch, dass wir die Krone führen und die verschiedenen Betriebskonzeptänderungen gemeinsam gemeistert haben, hatten wir während unserer Ehe immer gemeinsame Ziele.
D+D	Wie haben diese eure Ehe unterstützt?
Therese	Auf ein gemeinsames Ziel hinzuarbeiten oder gemeinsam auf etwas hinzusteuern, das schweißt ein Team zusammen und macht eine Ehe stark. Das können, wie bei uns, berufliche Ziele sein, es konnte aber auch ein

gemeinsames Ferienziel oder ein Ziel im Glauben sein.

Res — Es gibt eigentlich nichts Wesentliches, wo wir getrennte Wege gehen, abgesehen vom Sport. Ich betätige mich gerne sportlich. Ich fahre Fahrrad oder schwimme. Da sitzt Therese lieber auf der Ofenbank und liest ein Buch. Da wir aber nur wenig Freizeit haben, kommt das nicht so stark zum Tragen. Wir sind zwar unterschiedlich in unseren Persönlichkeiten, aber wir haben viele Gemeinsamkeiten in unseren Ansichten.

Therese — Gestern zum Beispiel kam einer unserer Mitarbeiter zu Res in die Küche. Er sagte, dass es ihm wieder nicht so gut gehe und er einen Termin beim Psychiater habe. Res antwortete ihm: «Der Psychiater kann dir schon helfen und dir Tipps geben. Aber wenn du wirklich Frieden und Vergebung finden willst, dann brauchst du Gott.» Da schaute er ihn an und sagte: «Genau das hat mir Ihre Frau eben auch gesagt.» – Es ermutigt uns, dass wir ganz unabhängig voneinander in unterschiedlichen Situationen doch die gleichen Ansichten vertreten. Wir staunen immer wieder, wie ähnlich wir auch Aussagen der Bibel interpretieren.

Res — Es ist in der Tat interessant. Wir lesen regelmäßig zusammen in der Bibel. Wenn wir einander anschließend erzählen, was der Text uns sagt, stellen wir oft fest, dass wir genau das Gleiche gedacht haben.

D+D — Habt ihr schon immer so gut zusammen gepasst oder ist das im Laufe der Ehe gewachsen?

Therese — Wir verstehen uns natürlich nach dreißig Jahren Ehe besser als im ersten Ehejahr.

Res — Ja, viel besser!

Therese — Jeder von uns hat Ecken und Kanten. Wir haben uns viel aneinander geschliffen. Dabei habe ich gewisse Eigenschaften von Res angenommen und er von mir. So haben wir uns aneinander angeglichen. Zum Beispiel waren wir zu Beginn gerade auch im Beruflichen viel egoistischer als heute. Wir haben gelernt, auch mal die Fünfe gerade sein zu lassen und uns selbst weniger wichtig zu nehmen.

D+D — Ein anderer Grund dafür, dass eure Ehe immer noch hält, ist euer **uneingeschränktes gegenseitiges Vertrauen.** Wieso könnt ihr euch so vertrauen?

Res — Wohl, weil wir uns sehr gut kennen.

D+D — War das schon immer so?

Res — Das würde ich schon sagen.

Therese — Ja, ich auch. Für mich war das schon bei der Partnerwahl und dann auch später ein wichtiger Punkt. Jemand, der zu seinem Wort steht, ist gerade in der schnelllebigen Gastronomie sehr wertvoll. Weil ich wusste, dass das Ja von Res ein Ja ist und sein Nein ein Nein bleibt, konnte ich mich auf ihn verlassen. Wir haben viele stressige und anstrengende Zeiten durchlebt. Da ist es überaus wichtig, dass wir uns aufeinander verlassen können. Zum einen ganz praktisch: Wenn 120 Gäste am Tisch sitzen und der Fisch für den zweiten Gang serviert werden sollte, muss ich mich auf Res verlassen können, dass dieser Fisch auch wirklich kommt. Man muss sich in hektischen Situationen darauf verlassen können, dass der andere seinen Job macht, dass der Wein da oder das Mineralwasser gekühlt ist. Wenn man sich in solchen Situationen aufeinander verlassen kann, dann schweißt das zusammen.

Res — Das ist das Vertrauen in praktischen Dingen. Jedoch viel wichtiger und viel tiefer in der Ehe ist, sich auf die Treue, den Respekt und die Versprechen des anderen verlassen zu können. Dazu gehört auch, dass wir glaubwürdig sind und einander nicht Dinge vorspielen, sondern echt und wir selbst sind.

D+D Wie hat sich euer Vertrauen auf eure Ehe ausgewirkt?

Res Sicher positiv. Ich könnte mir ganz einfach nicht vorstellen, in einer Ehe zu leben, in der ich in irgendeiner Weise Angst haben müsste.

Therese Das Vertrauen und der Respekt sind zwei Säulen, die das Zusammenleben in unserer Ehe tragen. Eine weitere Säule ist die Bereitschaft, einander immer wieder zu vergeben. Einerseits weil wir bei Gott geborgen sind, andererseits weil unser gegenseitiges Vertrauen und der Respekt bleibt, auch wenn wir wütend aufeinander sind. Das kommt bei uns ab und zu vor. Kürzlich hörte ich, wie eine Frau einer anderen erzählte: «Ach du meine Güte, bald wird mein Mann pensioniert und ist dann immer um mich herum.» Sie sprachen darüber, wie schwierig das sei. Davon können wir ein Lied singen. Wir sind seit dreißig Jahren rund um die Uhr zusammen und arbeiten sehr eng nebeneinander.

Res Da gibt es immer wieder Reibereien. Vor allem wenn einer in den Kompetenzbereich des anderen hineintritt.

D+D Was kann euch wütend machen?

Therese Da gibt es viele Beispiele.

Res Bei mir sind es vor allem kleine Dinge. Kritisch wird es immer, wenn ich einen Teller für einen Gast anrichte und Therese noch etwas dazulegt oder verschiebt.

Therese Gut, das ist etwas Banales.

Res Nein …

Therese Stimmt, für dich ist es nicht banal.

Res Ich kann es nicht leiden, wenn sie an dem, was ich gemacht habe, herumdoktert. Erst recht, wenn ich der Meinung bin, dass es nicht nötig ist. Unsere Persönlichkeiten unterscheiden sich sehr. Therese ist wie eine Eisenbahn auf der Schiene. Bei ihr ist immer alles klar und geregelt. Bei mir hingegen gar nicht.

Ich entscheide von Situation zu Situation. Das birgt einiges Konfliktpotential zwischen uns. Wenn Therese ihre Schiene auch durch mein Fachgebiet verlegen will, dann geht das nicht gut aus. Ich habe immer sehr viel zu tun. Einerseits die operative Arbeit, die ich selbst erledigen muss. Andererseits muss ich die Teilnehmer/innen unterstützen, ihre Fragen beantworten und die Qualität der Produkte im Auge behalten. Deshalb bin ich während der Arbeit oft sehr angespannt. Wenn Therese dann auch noch mit einer Frage zu mir kommt und mit den Ausführungen viel zu weit ausholt, sprengt das meine Kapazität. Ich kann es nicht leiden, wenn ich bildlich gesprochen auf der Überholspur bin und mich jemand bremst. – Meine Gereiztheit ist aber nicht persönlich gegen Therese gerichtet. Es ist vielmehr ein Schwachpunkt in unserem Betriebssystem. Als Chef dürften mich meine Aufgaben nicht so stark auslasten, dass ich für das ruhige Beantworten von Fragen keine Zeit mehr habe. Das Verrückte ist aber, dass ich mir für die Fragen unserer Mitarbeiter Zeit nehme. Das sind entweder Lernende oder Personen, die bei uns einen geschützten Arbeitsplatz haben. Für die Fragen meiner Frau nehme ich mir hingegen diese Zeit nicht. Seltsam, oder? Diese Situation kommt in unserem Ehe-Alltag oft vor. – Jetzt bist du an der Reihe. Du bist doch auch ab und zu verärgert über mich.

Therese Ja, das passiert leider. Viel Reibungsfläche liegt darin, dass Res ein sehr schlechtes Gedächtnis hat. Er selbst leidet zwar am meisten darunter. Aber mich kann es ärgern, wenn ich mich gut daran erinnern kann, dass ich ihm einen Termin mitgeteilt oder einen Ablauf erklärt habe, und er stur behauptet, ich hätte ihm das nie gesagt. Klar sagte ich es vielleicht im falschen Moment, wo er durch die Umstände nicht aufnahmefähig war. Die Information ist dann bei einem Ohr rein und beim anderen wieder raus oder vielleicht gar nie rein. Diese Situationen können bei mir Ärger provozieren.

D+D So sind Termine also ein Punkt, wo du deinem Mann nicht absolut vertrauen kannst?

Therese Ja, da kann ich mich nicht immer darauf verlassen. Aber es hat nichts mit dem Vertrauen zu tun, das wir zuvor besprochen haben. Ich kann Res absolut vertrauen, dass er nicht absichtlich einen Termin verpasst. Ich weiß ganz sicher, dass wenn er etwas vergisst, dass er das nicht tut, um mir zu schaden oder mich persönlich anzugreifen. Ich kann ihm vertrauen, dass er mir nicht in den Rücken fällt.

Res Ja, das mit dem Gedächtnis …

Therese Eine andere Situation, in der ich wütend werden kann, ist, wenn Res, wie er vorhin beschrieben hat, keine Zeit für meine Fragen hat. Ich spüre, dass mein Anliegen nicht genügend Wert hat, dass er es wahrnehmen würde. Wenn Res in diesen Situationen schroff reagiert, verletzt mich das natürlich. Vor einiger Zeit, als ich verärgert war, weil Res mich nicht ernst genommen hat, hat Gott mich aber eine Lektion gelehrt. Es dauert lange, bis ich die Geduld verliere. Aber damals schaffte es Res. Wenn es geschieht, muss ich die Arbeit unterbrechen und eine Pause machen. Ich setze mich im Wohnzimmer auf unsere alte Ofenbank und versuche, mich zu beruhigen. Damals nahm ich meine Bibel zur Hand und hoffte, durch ein Bibelwort getröstet zu werden. Ich sagte zu Gott: «Jetzt musst du mir durch dein Wort wohl tun. Ich sehe nicht ein, warum ich diese Situation und diese Emotionen aushalten soll.» Ich schlug die Bibel auf und las dort einen Abschnitt. Anstatt getröstet zu werden, erhielt ich aber eine starke Lektion von Gott. Ich las: «[…] in aller Demut und Sanftmut, in Geduld. Ertragt einer den andern in Liebe» (Epheser 4,2). Es stand nicht *liebt einander*, sondern *ertragt einander in Liebe.* Das ist ein Befehl. Ich war sehr erstaunt, dass *ich* diejenige war, die die Lektion lernen musste. Aber was ich gelernt habe, war gut. Heute versuche ich, verletzende Reaktionen von Res zu ertragen.

Res — Wenn ich aber spüre, dass ich von dir nur ertragen werde, dann demütigt mich das schon sehr. Das Ertragen muss wirklich auch in Liebe geschehen.

Therese — Ja, wenn es eine Situation gibt, wo ich sagen muss: Eigentlich wäre ich jetzt wütend, aber es steht *ertraget einander.* Dann kann ich das auch nicht einfach runterschlucken und so tun, als wäre nichts. Res merkt dann schon, dass ich ihn ertrage und nicht gelöste Freude verspüre. Das Ertragen ist nichts Angenehmes.

D+D — Wie erträgst du Res in Liebe? Wie machst du das konkret? Hast du da eine Technik?

Therese — Ja. Eine Technik ist relativ neu …

Res — (lacht) Soll ich sie sagen?

Therese — Du kennst sie doch gar nicht.

Res — Ich weiß, wie du dann reagierst. Du schweigst einfach.

Therese — Das ist der Anfang. Das weiß man ja, dass man in einem Konflikt nicht voller Emotionen eine Diskussion führen soll. Das kann nicht gut ausgehen. Wenn beide aufgebracht sind, schüttet man nur Öl ins Feuer. Wenn ein solcher Moment eingetroffen ist, dann ist es besser, wenn ich die Emotionen von Res und mir nicht noch zusätzlich anheize. Dann versuche ich meinen Blick weg von der Situation und den Umständen auf Gott zu richten. Ich sage für mich ein Bibelwort auf oder singe in Gedanken ein Lied. Manchmal nur für kurze Zeit, bis ich mich beruhigt und eine andere Sicht der Dinge bekommen habe.

Ein Lieblingsthema von mir ist, dass jeder Mensch selbst die Verantwortung dafür trägt, wie er sich in den einzelnen Situationen entscheidet. Manchmal kommen die Emotionen einfach hoch und dann bin ich wütend. Aber ich kann mich entscheiden, ob ich diese Wut ablegen und weitergehen will, oder ob ich in meiner Wut ausharren will. Dafür bin ich selbst verantwortlich. Ich habe es in der Hand, dass ich Schritte unternehme, die mich weg von der Wut in eine Ruhe bringen.

Ein Vorteil unseres turbulenten Arbeitslebens im Betrieb ist, dass ich meistens gar keine Zeit habe, um lange auf Res wütend zu sein. An einem einzelnen Tag laufen viele Dinge nebeneinander. Zum Beispiel müssen wir ein Lehrverhältnis regeln, organisieren die Räumung eines Lagers, schreiben ein Angebot für ein Hochzeitsbankett und betreuen gleichzeitig auch noch das Tagesgeschäft. Das geschieht nicht nacheinander, sondern mehrschichtig parallel. Dadurch, dass so viel läuft, bin ich gezwungen, Verletzungen wieder zu vergessen und weiterzugehen. Jemand, der die Zeit hat, nachzudenken, durch wen er verletzt worden ist, bei dem kann sich das über längere Zeit anstauen. Aber bei uns läuft so viel, dass ich sage: «Vergiss es, das war nicht so schlimm.»

D+D Die **Bereitschaft, einander zu vergeben,** ist für euch ein Punkt, der eurer Ehe geholfen hat. Ist dieses «Vergessen wir's» ein Akt des Vergebens?

Therese Für uns sind diese alltäglichen Konflikte nicht Dinge, die wir einander vergeben müssen.

D+D Am Abend vor dem zu Bett gehen sprecht ihr also nicht nochmals darüber und vergebt einander?

Res Das kommt schon auch vor.

Therese Jedoch eher selten. Das ist der Fall, wenn einer von uns tiefer verletzt wurde. Die kleineren Fälle geschehen oft wegen der Hektik im Geschäft oder wegen eines Missverständnisses in der Kommunikation.

Res — Wir kennen uns so gut, dass wir wissen, dass wir uns nicht willentlich verletzt haben. Es geschieht vielmehr einfach, ohne dass wir es gewollt haben. Es ist nicht böswillig. Wir haben nun schon so lange zusammen gelebt, dass wir nach einem Vorfall meistens wissen, warum der andere so reagiert hat. Zudem kommt mir in diesem Fall meine Gedächtnisschwäche zugute. Meistens weiß ich gar nicht mehr, was vorgefallen ist.

D+D — Wie findet ihr nach der Hektik im Betrieb jeweils die **Zweisamkeit?**

Res — Das ist ein echtes Problem. Wir haben wirklich viel zu wenig Zeit füreinander, aber wenn sich die Gelegenheit ergibt, genießen wir die Zweisamkeit und verzichten dabei bewusst und gerne aufs Fernsehen.

Bevor wir mit dem neuen Betriebskonzept der Arbeits- und Wohngemeinschaft gestartet haben, verbrachten wir zu zweit vierzig Tage in einem sehr einfachen Häuschen in einem kleinen Bergdorf auf Sardinien. So wie dort konnten wir seither nie mehr miteinander reden und einander erleben. Wir arbeiten sechs Tage pro Woche, am Sonntag besuchen wir am Vormittag einen Gottesdienst. So bleibt uns noch ein halber Tag in der Woche, wo wir nicht irgendwo eingebunden sind. Klar sind wir auch bei der Arbeit oder im Gottesdienst fast die ganze Zeit zusammen, aber doch nicht alleine und können uns nicht aufeinander konzentrieren.

Therese — Zwischendurch gibt es manchmal auch einen Abend, den wir für uns haben.

Res — Leider aber viel zu wenig. Es bleibt nicht viel Zeit, die wir ganz für uns alleine haben. Am Morgen stehen wir unterschiedlich auf – Therese kurz nach mir, und Kaffee trinken wir zusammen im Betrieb. Wir arbeiten oft in den Abend oder die Nacht hinein. Ich bin früher müde und gehe bereits in die Wohnung. Wenn Therese etwas später nachkommt, bin ich oft schon im Bett.

Jedoch haben wir damals auch bei unseren Töchtern gesehen: Es kommt nicht auf die Menge der Zeit an, die man miteinander verbringt, sondern auf die Tiefe der Gemeinschaft. Wir sind uns beide bewusst, dass wir einander wertschätzen und füreinander an erster Stelle stehen, auch wenn sich das zeitmäßig nicht ausdrückt. Dieses Bewusstsein trägt uns durch Zeiten hindurch, wo wir wirklich nicht viel Zeit zu zweit haben. Trotzdem wäre es schön, wenn wir mehr Gemeinschaft hätten.

D+D Wie gleicht ihr das in eurer Ehe aus?

Res Das gleichen wir nicht groß aus. Wir haben keine Möglichkeit dazu.

Therese (lacht) Wir schreiben unser Guthaben auf, das wir nach der Pensionierung einlösen werden.

D+D Oder anders gefragt: Was tut ihr, dass ihr euch nicht auseinander lebt?

Res Uns hält vieles zusammen. Wir arbeiten zusammen. Da gibt es tausend Dinge zu besprechen. Das geschieht zwar auf geschäftlicher Ebene, aber trotzdem ist es eine Verbindung. Wir spüren das Befinden des andern mehrmals am Tag.

Therese Wir sehen uns häufiger als Ehepaare in einer typischen Schweizer Familie, wo einer oder beide morgens das Haus verlassen. Sie sehen sich erst am Abend wieder und haben den ganzen Tag unterschiedliche Dinge erlebt. Sie haben zwar die Chance, sich ihren Tag zu erzählen. Das haben wir nicht. Diese Chance müssen sie aber auch nützen. Darin bestehen ebenso Gefahren und Herausforderungen, sich nicht auseinander zu leben. Wir wissen voneinander, was der andere erlebt hat und in welcher Stimmung er gewesen ist.

Res Weiter verbindet uns die Freude an unseren Töchtern und dem Schwiegersohn. Auch der Glaube bringt uns immer wieder zusammen, wenn wir zum Beispiel zusammen beten. Ferien sind wunderschöne Inseln im Alltag, die wir mit Freude zusammen verbringen und in vollen Zügen genießen. Im Alltag haben wir zwar nicht viel Zeit nur für uns zwei, aber wir sind trotzdem verbunden.

Therese Gut, man könnte sagen, wir sollten ganz einfach einige fixe Aktivitäten streichen oder im Betrieb weniger Aufträge annehmen. Das ist aber einfacher gesagt als getan. Lange Zeit hat sich jeweils am Mittwochabend eine Gruppe bei uns im Gasthaus getroffen. Als diese nicht mehr gekommen ist, dachten wir, wir hätten nun mehr Zeit. Aber dieser Abend war schon bald mit andern Dingen belegt, die wir erledigen mussten. Zudem muss man in einem Betrieb wie unserem sehr flexibel sein. Wenn jemand ein Angebot oder sogar eine Bestellung am nächsten Tag haben will, müssen wir diesen Wunsch erfüllen, um konkurrenzfähig zu bleiben. So gibt es immer wieder Ausnahmesituationen. Das macht es schwierig, die Zeit für die Ehe im Voraus zu planen. Wir versuchen, wöchentlich einen Abend für die Ehe zu reservieren, doch wir müssen jeweils spontan schauen, was geschieht.

Res Aber unser Ehe-Motto ist **«Together we are strong! – Gemeinsam sind wir stark».** Wenn wir zusammen etwas anpacken, sind wir stark. Das festigt unsere Ehe. Wir treten uns dabei gegenseitig auch manchmal auf die Füße. Aber wenn wir ein Projekt zusammen anpacken, wird das Produkt am Schluss besser.

Therese	Als du zum Beispiel für die Berner Zeitung oder die GastroSuisse Kolumnen geschrieben hast oder wenn du in unserer Gourmet-Zeit ein neues Menü kreiert hast ...
Res	Ich schrieb jeweils etwas, dann kam Therese. Sie las die erste Zeile und sagte beim zweiten Wort:
Therese	«Aber ...»
Res	Das war schlimm. Ich gab zurück: «Schau dir doch zuerst das Ganze an, dann kannst du auf die Details eingehen. Vielleicht erscheint dieses Wort dann in einem andern Zusammenhang.»
Therese	Wir argumentierten über dieses eine Wort. Ich habe meine Gründe vorgebracht.
Res	Und ja, das Endresultat war durch unsere Zusammenarbeit schon klar besser, als wenn ich es alleine gemacht hätte.
Therese	Dies als Beispiel. Genauso verhält es sich in vielen andern Bereichen. Gemeinsam sind wir stark. Es bedingt aber, dass beide bereit sind, Kritik anzunehmen und für das beste Resultat einen gemeinsamen Weg zu finden. Durch das Zusammenkommen von zwei Meinungen wird eine Idee oder ein Vorschlag geläutert und geprüft.
D+D	Es bleibt uns noch ein Faktor übrig, den ihr zu Beginn genannt habt: **Das gemeinsame Fundament im Glauben.** Wie ist es gekommen, dass ihr ein gemeinsames Fundament im Glauben habt?
Res	Meine Mutter hat mich beten und eine gewisse Gottesfurcht gelehrt. Sie hatte selbst kein einfaches Leben. So lernte ich bei ihr, dass Gott eine Quelle der Kraft, der Zuwendung und Hinwendung ist. Mein Vater dagegen setzte sein Vertrauen auf Leistung und auf materielle Werte. Daher schien es, dass bei ihm das Geschäft vor

der Familie und der Ehe kam. Ich litt sehr unter seinem Leistungsdruck. Ich war gut in der Schule, aber das war für ihn nie genug. Wenn ich eine gute Prüfung nach Hause brachte, fragte er: «Wer war besser und warum?» Auch später in der Ausbildung stand ich unter dem Druck, mich meinem Vater beweisen zu müssen, was mir auch meistens gelang. So bestand ich z.B. die Lehrabschlussprüfung als Koch mit fast der vollen Punktzahl!

Therese Dein Wert als Person wurde über die Leistung definiert.

Res Genau. Bis zum zwanzigsten Lebensjahr kannte ich nichts anderes als arbeiten und leisten. Ich bin zum Beispiel vorher nie mit einem Mädchen ausgegangen. Dieser große Leistungsdruck war aber zu viel für mich. Daraus entwickelte sich eine Abneigung gegen meinen Vater und ich selbst geriet in eine Depression mit Angst- und Erschöpfungszuständen. Ich brauchte Therapie und Medikamente.

Später, als wir bereits verheiratet waren, kam ich an den Punkt, wo ich sagte: «Wenn es Gott, wie ihn die Bibel lehrt, wirklich gibt, dann muss er doch erfahrbar sein. Ich will ihn erfahren.» Als die nächsten Ferien kamen, habe ich am ersten Tag alle meine Medikamente abgesetzt und mit Gott ernst gemacht.

Therese Du sagtest, dass du nun anstatt irgendwelche Romane die Bibel lesen würdest.

Res Ich hatte auch zuvor schon in der Bibel gelesen, aber es hat mir nicht viel gesagt. Auf einmal war das anders. Ich las und las. Es war mir ernst: Ich wollte Gott erfahren. Von da an war ich frei von den Depressionen. Ich brauchte keine Medikamente und keine psychiatrische Behandlung mehr. Obwohl ich mich auch heute noch vor Überlastung schützen muss.

Wir lernten und verstanden von da an immer mehr

aus der Bibel. Wir versuchten, dies in unserem Leben und damit auch in unserem Betrieb umzusetzen. Jedoch hatten wir niemanden, der uns in Glaubensfragen coachte. Ein Schlüsselerlebnis war der Besuch eines IVCG- (Internationale Vereinigung Christlicher Geschäftsleute) Treffens. Was wir dort hörten, hat uns angesprochen. Wir meldeten uns daraufhin zu einer Gesprächsrunde über den Glauben an. Da erhielten wir weitere Hilfe im Glaubensleben. Unser Glaubensweg kann man mit *Learning by doing* beschreiben.

D+D Und du, Therese, hast dich ihm einfach angeschlossen?

Therese Ich habe natürlich die positiven Veränderungen bei Res beobachtet. Ich bin ganz anders als Res aufgewachsen. Ich bin von Vater und Mutter christlich erzogen worden. Der Glaube war zwar ein Tabuthema, aber unausgesprochen war er in unserer Familie vorhanden. Vor dem Einschlafen haben unsere Eltern mit uns Kindergebete gesprochen, wie zum Beispiel: «Ich bin klein, mein Herzlein ist rein. Soll niemand drin wohnen als Jesus allein.» Jedoch war dieser Glaube nicht so lebendig in den Alltag integriert, wie ich es heute erlebe. Ich ging davon aus, dass ich das Leben nicht schlecht meistern würde: Ich morde nicht, gehe nicht fremd und stehle auch nicht ... Gott wird also schon zufrieden sein mit mir.

Erst die Gesprächsrunde der IVCG hat neue Aspekte in mein Glaubensleben gebracht. Der Glaube hatte mich schon immer angesprochen, aber die Religion darum herum nicht. Was ich dort hörte, hat mich befreit: Der Glaube hat nichts mit Religion zu tun. Alle Hierarchien und Strukturen innerhalb einer Kirche sind von Menschen gemacht. Beim Glauben kommt es nicht auf diese Dinge an, sondern darauf, dass ich das Angebot annehme, das Gott mir macht. Das reicht völlig aus. Natürlich ist der Kontakt zu Menschen, die den gleichen Glauben haben, wichtig, wie bei mir damals die Personen aus der IVCG. Durch die Trennung der Religion von meinem Glauben an den Gott der Bibel wurde ich fähig, mich in der Beziehung zu Gott zu entfalten.

Wir hatten damals am Sonntag und an sechs Abenden pro Woche unser Restaurant geöffnet, daher konnten wir nicht aktiv am Kirchenleben teilnehmen. Aber wir haben unseren Weg mit Gott gemacht. Die Geburten unserer beiden Töchter waren für uns spezielle Gotteserlebnisse. Als die Kinder größer wurden, erdrückte mich die Last der Verantwortung manchmal fast. Ich hatte Angst um sie: Was ist, wenn ihnen etwas zustößt? Ich konnte nicht immer bei ihnen sein, um sie zu beschützen. Ich lernte aber, dass ich nicht mehr tun muss, als ich kann. Den Rest darf ich getrost Gott abgeben. Er schaut, wo ich nicht schauen kann. Er ist dort, wo ich nicht sein kann. Ich kann ihm vertrauen. Gott hat mich von dieser ständigen Angst um die Kinder befreit. Mit 17 Jahren verreiste die jüngere Tochter für fünf Monate nach Ecuador. Dank des Vertrauens auf Gott war das für mich kein Problem. Ich war mir sicher: Er wird sie behüten und auch wenn etwas passiert, hat er die Situation im Griff. Ich habe gelernt, loszulassen.

Aber der Glaube hatte auch einen Preis. Wir waren durch unseren Betrieb in der Öffentlichkeit sehr exponiert. Wir waren auf das Wohlwollen der Leute angewiesen. Sie sollten ja bei uns einkehren, ihre Bankette und Feste bei uns buchen und ihr Geld ausgeben.

Zu unserem Gourmet-Restaurant gehörte auch eine Galerie. Es gab Leute, die ein Bild kaufen wollten, aber sagten, sie wollten es mit Schwarzgeld bezahlen. Weil wir aber versuchten, nach Gottes Maßstäben zu leben, sagten wir, dass wir kein Schwarzgeld annehmen. Diese Personen fühlten sich dadurch angegriffen, auch wenn wir nichts Anklagendes gesagt haben. Einzig durch die Ablehnung des Angebots stellt man die andere Person bloß und klagt ihn ohne Worte an. Ebenfalls duldeten wir in unseren Räumen keinen übermäßigen Alkoholkonsum. Dies machte uns zu Außenseitern in unserem eigenen Beruf. Wir haben dadurch viel Umsatz verloren.

Res — Ja, das war sehr geschäftsschädigend. Zum Beispiel reservierte jemand für ein Geburtstagsbankett an einem Samstagabend. Er sagte aber, dass wir die Rechnung auf den Freitag ausstellen sollen, damit er die Rechnung in seinem Geschäft von den Steuern abziehen kann. Wenn ich ihm dann sagte: «Wir machen das nicht», denkst du, er erzählt in seinem Bekanntenkreis: «Ich wollte «Steuern sparen», aber Hublers haben nicht mitgemacht.» Nein, er lästerte: «Zu diesen Stündelern musst du sicher nicht gehen.» So mussten wir erleben, wie unser Haus in gewissen Kreisen verleumdet wurde. Am Service, an der Qualität oder an der Atmosphäre kann es nicht gelegen haben.

Therese — Ein Journalist nahm oft bei uns sein Essen ein. Er saß immer an Tisch vier. Er fragte einmal, warum ich in diesem hektischen Beruf so ruhig sei. Ich antwortete ihm, dass ich die Ruhe aus der Quelle nehme, wo ich auch meine Kraft her habe. Diese Quelle sei Gott. Von da an ist er nie mehr bei uns eingekehrt. Manche Leute wollen nicht hören, dass man seinen Erfolg Gott verdankt.

Dass wir nun vor fünf Jahren unser Geschäftskonzept umstellen konnten und nun nicht mehr so stark vom Wohlwollen der Menschen abhängig sind, hat mich befreit. Nun haben wir es vorwiegend mit Kunden zu tun, die ein qualitativ gutes Produkt von uns erwarten und nicht mit Gästen aus der gehobenen Gastronomie.

D+D — Wenn der Glaube für euch so viele Nachteile gebracht

	hat, warum habt ihr Gott nicht abgeschworen und seid zu einem florierenden Geschäft zurückgekehrt?
Res	Dieser Gedanke kam mir überhaupt nie in den Sinn.
Therese	Mir auch nicht, es steht doch in der Bibel «trachte zuerst nach dem Reich Gottes ...» oder auch «Menschenfurcht bringt zu Fall, wer sich aber auf den Herrn verlässt, ist wohl geborgen.»
Res	Man muss auch sehen, dass nicht alle Bezugspersonen negativ gegenüber unserem Glauben eingestellt waren.
Therese	Zum Beispiel haben wir zu vielen unserer ehemaligen Mitarbeiter noch ein sehr gutes Verhältnis. In dieser Branche ist es für Angestellte sehr wichtig, dass sie mehrere gute Referenzen haben. Wer vorweisen kann, in welch ausgezeichneten Gastrobetrieben er schon gearbeitet hat – und da gehörte unsere Krone auch dazu – hat viel bessere Chancen im Beruf. Das nützen manche Arbeitgeber gnadenlos aus. Sie wissen, dass die Angestellten sich um diese Stelle reißen, weil sie mit einer guten Referenz verbunden ist. So bezahlen sie ihre Mitarbeiter schlecht und behandeln sie mies. Das haben wir bewusst nicht getan. Wir haben sie nicht ausgenutzt, sondern mit Respekt behandelt. Das wurde sehr geschätzt.
D+D	Wie hat der Glaube an Jesus Christus eurer Ehe geholfen?
Res	Egal wie groß die Differenzen und Unterschiede zwischen Therese und mir sind, egal wie unsere Ehe Auf und Abs durchmacht, wir haben mit Gott einen Faktor in unserer Ehe, der stabil bleibt. Gott ändert sich nicht. Folgende Illustration verdeutlicht das: Jede Ehe ist Zerreißproben ausgesetzt. Wenn sich die Beziehung nur auf der Ebene zwischen Mann und Frau abspielt, ist die Gefahr des Bruchs riesig. Wenn jedoch Gott zur Ehe dazugehört, dann orientie-

ren sich beide Partner gegen oben – auf Gottes Ebene.[2] Die Ehe hängt nicht mehr nur von unserer gegenseitigen Verbindung ab. Sie wird vielmehr von unseren individuellen Verbindungen zu Gott getragen. Wir können uns beide auf Gott besinnen, können uns getrennt und auch zusammen immer wieder auf Gott konzentrieren. Weil wir uns beide Gott unterstellen, haben wir schon oft wieder zusammengefunden.

D+D Vielen Dank für diese spannenden Einblicke in euer Leben und eure Ehe.

[2] Nach Manfred Engeli, Finale Eheseelsorge, Scesaplana Verlag

Wenn die «Traumprinz»-Liste passt

Ester und René Ulmann

Ester und Renés Liebesgeschichte spielte sich größtenteils auf den Philippinen ab. René reiste mit einer Organisation in die Hauptstadt Manila, um bei einem freiwilligen Projekt mitzuhelfen. Dort lernte er Ester kennen, die im folgenden Jahr seine Frau wurde. War es Leichtsinn oder steckte mehr dahinter? Bei der Geburt ihres Sohnes wäre Ester beinahe gestorben. Seither wissen beide noch viel sicherer, dass sie zusammengehören. Nach 18 Ehejahren sind sie immer noch glücklich verheiratet.

Ester war in den angehenden Pastor ihrer philippinischen Kirchgemeinde verliebt. Auch er war in sie verliebt, aber sie wurden sich über eine Beziehung nicht einig. Als Sekretärin dieser Kirchgemeinde hatte sie regelmäßig mit ihm zu tun. Da stellte sie fest, dass sie beide oft nicht einer Meinung waren. Zudem wollte er eine Frau, die gut singen konnte. Er ging davon aus, dass das für seinen Dienst als Pastor nützlich sein könnte. Aber Esters Talente liegen nicht beim Singen. Er sagte ihr: «Dann musst du das lernen.» Sie antwortete ihm: «Wenn ich zuerst etwas leisten muss, um deine Frau sein zu dürfen, dann lieber nicht. Ich möchte jemanden, der mich annimmt, so wie ich bin.» Als Ester das Gespräch mit einer Vertrauensperson suchte, empfahl ihr diese, eine Liste zu erstellen, wie ihr zukünftiger Ehemann sein sollte. So wisse sie genauer, was sie suche. Ester befolgte diesen Rat und begann, eine Liste aufzusetzen. Groß, dunkel und schön musste er sein. Die Liste spiegelte weitgehend den zukünftigen Pastor wider. Die Vertrauensperson empfahl ihr, diese Liste mit all ihren Wünschen Gott zu bringen. Ester erinnert sich: «Mit der Zeit hat Gott mein Herz verändert, bis sich

Ester Ulmann (1965)
René Ulmann (1964)
Hochzeit: 1991
1 Kind

auch die Liste zu ändern begann. Ich realisierte, dass die inneren Werte eines Ehepartners viel wichtiger sind als sein Äußeres. Bei einem Punkt war ich mir ganz sicher: Mein Ehemann sollte unbedingt die gleichen Glaubensüberzeugungen haben wie ich, er sollte auch Christ sein. Er sollte die gleiche Lebensvision tragen.» Inzwischen begann sich die Liste mit den Eigenschaften ihres zukünftigen Ehemannes weiter zu verfeinern, bis der künftige Pastor immer weniger dazu passte. So wurde ihr klar, dass er nicht der Richtige für sie war.

Die Kirchgemeinde, in der Ester arbeitete, wurde immer wieder von jungen Ausländern besucht. Sie kamen von überall her: Japan, Korea, Polen, Neuseeland, den USA und am Schluss auch aus der Schweiz. Sie war fasziniert von diesen Ausländern. Sie sagte Gott, dass sie sich einen Ausländer als Ehemann vorstellen könnte. Als Kind wurde Ester wegen ihrer flachen Nase oft ausgelacht. Als sie die schönen Nasen der Ausländer sah, betete sie: «Herr, ich habe wegen meiner Nase viel gelitten. Das sollen meine Kinder nicht erleben müssen. Deshalb möchte ich einen Ausländer heiraten, der meinen Kindern eine schöne Nase vererbt.» Schlussendlich stand auf der Liste: Er sollte Christ sein. Die gleiche Lebensvision haben, Ester möchte Gott in irgendeiner Weise dienen. Er sollte wegen der Nase ein Ausländer sein. Er sollte Humor haben und ein guter Kommunikator sein. Er sollte ein Jahr älter und etwa 13 Zentimeter größer sein als sie. Von da an wartete sie immer gespannt darauf, wenn neue ausländische Gäste in ihrer Kirchgemeinde angemeldet waren.

Zur gleichen Zeit besuchte René in der Schweiz ein Seelsorge-Seminar. Dort klagte er dem Referenten sein Leid: Er verliebe sich manchmal in drei Frauen gleichzeitig, dann wisse er nicht, was er tun solle. Der Referent riet ihm, eine Liste mit allen Eigenschaften zu erstellen, die seine zukünftige Ehefrau haben sollte. So wisse er schneller, ob eine Beziehung eine Zukunft haben könne oder nicht. Bei der Partnersuche des Referenten habe das wunderbar geklappt. René setzte sich sofort an seinen Schreibtisch und setzte diese Liste auf. Er zeigte sie etwas später seiner Nachbarin, die nur mitleidig entgegnete: «Wenn du so viele Vorstellungen hast, dann wirst du nie eine Ehefrau finden.» Aber er dachte für sich: «Weniger will ich nicht.» Also betete er weiter für eine solche Frau.

Im Sommer 1990 reiste René für fünf Wochen mit einer internationalen Gruppe junger Menschen nach Manila, der Hauptstadt der Philippinen. Sie wollten örtliche Programme für Studenten und Kinder unterstützten. Damit nicht alle Ausländer die gleiche Kirchgemeinde besuchten, wurden sie von den Organisatoren den verschiedenen Kirchen zugeteilt. René besuchte mit einigen anderen die Kirche von Ester. Da sie für die Betreuung der Gäste zuständig war, wartete sie an jenem Tag am Tor auf sie. Sie fragte sich, ob vielleicht auch ihr Ehemann dabei sein würde. Von der Schweizergruppe fielen ihr zuerst die Schweizerinnen ins Auge: «Sie waren alle so schön. Blonde Haare, grüne und blaue Augen, groß und alle hatten so wunderschöne Nasen. Da brauchte ich mir keine Hoffnungen zu machen, dachte ich. Ich war traurig. Als ich René sah, dachte ich, dass er sowieso von seinem Alter her nicht in meine Liste passte. Er sah viel jünger aus, als er war.»

Aber dann lernte sie René besser kennen. Nach drei Wochen hatten sie ein erstes längeres Gespräch über das Leben und Gott. Da erfuhr sie, dass er 26 Jahre alt war. Sie betete: «Herr, er ist 26 und ich werde 25. Das passt!» Von da an öffnete sie ihr Herz für René. Sie beobachtete ihn während des Gottesdienstes: «Die Schweizer verstanden kein Wort des Pastors, da dieser in unserer Sprache redete. Die meisten ausländischen Gäste tuschelten die ganze Zeit miteinander, nur René las in der Bibel und schien zu beten. Das hat mich beeindruckt.» Bei den Kinderprogrammen wurden sie der gleichen Gruppe zugeteilt. Da sie einander interessant fanden, begannen beide, unabhängig voneinander ihre Liste zu prüfen. René erinnert sich: «Natürlich haben wir darüber nicht geredet. Es war einfach ein stilles Beobachten und Prüfen.» Zeile für Zeile konnten René und Ester mit einem Gutzeichen versehen. René ist ein Jahr älter und größer als Ester. Sie beide haben den gleichen Glauben und die gleiche Vorstellung, was sie mit ihrem Leben anfangen wollen. René ist Ausländer und er hat Humor. Auch war die Kommunikation für beide ein wichtiger Aspekt. Gleich war es mit Renés Liste.

René — Nach meiner Rückkehr in die Schweiz fragte ich Gott, ob ich Briefkontakt mit Ester aufnehmen solle. Da ich wusste, dass ein Briefkontakt für Ester viel bedeuten würde, wollte ich nicht leichtfertig mit ihren Gefühlen umgehen. Drei Mal nacheinander öffnete ich ziellos meine Bibel und meine Augen fielen jeweils auf einen Vers, der ein Ja deutlich machte. So schrieb ich meinen ersten Brief.

Ester — Ich freute mich natürlich sehr.

René — Aber ich musste mich in Geduld üben. Der Brief war zwei Wochen unterwegs, bis er bei Ester ankam. Das hieß, dass ich einen ganzen Monat auf eine Antwort warten musste. Das war eine lange Zeit. Anschließend haben wir jede Woche einen Brief geschrieben. Sie haben sich unterwegs gekreuzt. Antworten auf die Fragen in einem Brief erhielt ich erst drei Briefe später. Durch diese Briefe und viele teure Telefongespräche kamen wir uns immer näher.

Ester — Als wir verheiratet waren, sah ich die Telefonrechnungen von René. Ich war schockiert: So teuer war ich also!

René — Einige Monate später erfolgte unter dem Titel: «Mission Ester» meine zweite Reise auf die Philippinen. Wir wollten definitiv prüfen, ob wir wirklich zusammengehören. Obwohl Ester alle meine Punkte in der Liste erfüllte, wollte ich in dieser Zeit noch klarer spüren, dass wir von Gott füreinander bestimmt waren. Interessanterweise lösten sich die anfänglichen Differenzen über die Gestaltung der nahen Zukunft in Luft auf. Gott hatte unsere Zusammengehörigkeit bestätigt und ein halbes Jahr später heirateten wir. Ester war bald 26 und ich 27 Jahre alt.

D+D	Ging das nicht ein bisschen zu schnell?
René	Wir hatten beide unabhängig voneinander dafür gebetet, dass wir kein langwieriges Techtelmechtel durchmachen müssten. Ich wollte, dass es bald einmal klar war. Da beide gegenseitig ganz in die jeweilige Wunschliste passten, war vieles klar. Aber wir empfehlen dieses schnelle Tempo nicht zur Nachahmung! (Er schmunzelt). Bei uns stimmte wirklich alles – und nicht nur die Gefühle! Eine seriöse Prüfung zusammen mit Gott und ein gutes Kennenlernen sind wichtige Voraussetzungen für das Gelingen der Ehe. Das kann zum Beispiel in einem Ehevorbereitungskurs geschehen. Ein Punkt auf meiner Liste war, dass ich mit meiner Frau tief kommunizieren wollte. Wir konnten sehr gut miteinander reden. Wir führten ganz offene Gespräche über die verschiedensten Themen. Das war für mich sehr wichtig. Kommunikation war für uns nie ein Problem. Im Gegenteil. Dadurch, dass wir wussten, dass keiner die Muttersprache des andern sprach, gaben wir uns von Anfang an große Mühe. Wir wussten auch, dass wir aus zwei Kulturen stammen und viele Dinge unterschiedlich gewohnt waren. So war klar, dass wir uns über die selbstverständlichsten Dinge unterhalten mussten.
D+D	Was gab es für kulturelle Unterschiede?
René	Da wir nach der Heirat in die Schweiz gezogen sind, hatte vor allem Ester Mühe mit uns Schweizern.
Ester	Ja, mit dem Perfektionismus der Schweizer hatte ich große Schwierigkeiten. Auf den Philippinen haben wir ein Putzmittel und damit putzen wir alles. In der Schweiz hat man allein für das Badezimmer verschiedenste Mittel. Aber mittlerweile habe ich das alles gelernt.

René — Auf eine andere Art sind wir trotzdem freier. Zum Beispiel was die Kleidung oder den Umgang miteinander betrifft.

Ester — Älteren Menschen gegenüber muss man sich bei uns verneigen. Wir benützen ein sehr höfliches Ja, das man älteren Menschen und Respektpersonen gegenüber gebraucht. Diese muss man immer siezen – die Eltern auch. Auch sagt man bei uns nie nur den Vornamen. Sondern immer den Titel dazu: Pastor Marco, Professor Garcia, Schwester Maria. Wenn Ausländer kommen, fühlen wir uns minderwertig.

René — Das kommt daher, dass die Philippinen zuerst von den Spaniern und später von den Amerikanern erobert und bestimmt wurden.

Ester — Davon sind wir heute noch geprägt.

René — Weihnachten wird auf den Philippinen sehr ausgeprägt gefeiert. Die Familien kommen zusammen, bereiten ein aufwändiges Festessen vor und haben viel Gemeinschaft. Ester heiratete in eine Verwandtschaft, für die Weihnachten keine große Bedeutung hatte. Wir aßen lediglich ein feines Menü zusammen. Das war schwierig für Ester.

Ester — Mir fehlte es sehr, dass wir nicht alle zusammen feierten. Die Gemeinschaft mit der Familie – also der Verwandtschaft – macht für mich einen großen Teil der Weihnachtsstimmung aus. Das zweite Jahr lud ich Renés Eltern und seine Geschwister mit ihren Familien ein. Ich habe für sie alle gekocht. Das war für mich ein richtiges Weihnachtsfest.

Am Anfang hatte ich große Mühe mit dem Individualismus der Schweizer. Das machte mich traurig.

René — Auf der andern Seite sind die Philippinos recht unterwürfig, so dass ich oft kein Gespräch auf der gleichen Ebene führen konnte. Das vermisste ich.

D+D Inzwischen seid ihr 18 Jahre verheiratet. Was sind für euch wichtige Gründe für das Gelingen eurer Ehe?

René Es gibt mehrere. **Das Gebet füreinander und miteinander ist sehr wichtig.** Wir beide haben für unseren zukünftigen Ehepartner gebetet und einander gesegnet, als wir uns noch nicht einmal gekannt haben – und jetzt erst recht. Für ein positives Miteinander hilft es uns, **einander als von Gott geliebte Personen zu sehen.** Die **Kommunikation** haben wir schon angesprochen. Das finden wir sehr wichtig. **Weiter muss man einander vergeben können.** Nach dem Motto aus der Bibel: «Versöhnt euch wieder und lasst die Sonne nicht über eurem Zorn untergehen» (Epheser 4,26). **Dann sind die gleiche Vision und ein gemeinsames Projekt von großer Bedeutung.** Das heißt, dass man als Ehepaar gemeinsam auf etwas hin arbeitet. **Und natürlich die gegenseitige Unterstützung.**

D+D Ihr hattet beide bereits vor eurer Beziehung eine Beziehung zu Gott. Das drückte sich darin aus, dass ihr bereits als Single für euren Ehepartner gebetet habt. Habt ihr Auswirkungen davon in eurer Ehe festgestellt?

René In der Bibel gibt es das Bild von Schalen, die sich mit unseren Gebeten füllen und dass Gott auf diese Gebete zurückgreift, wenn die Zeit dafür reif ist. So bin ich überzeugt, dass keines meiner Gebete vergebens war.

Ester Ich hatte meinen zukünftigen Mann Gott abgegeben. Ich habe losgelassen. Ich hatte früher einmal einen Brieffreund. Wir hatten zwar noch keine Beziehung angefangen, aber trotzdem tat es mir weh, als nichts daraus wurde. Aus diesem und einem weiteren ähnlichen Erlebnis habe ich gelernt, dass ich meinen zukünftigen Ehemann nicht als meinen Besitz ansehen darf. Er und ich gehören Gott. Gott möchte ihn mir anvertrauen. Ich habe also losgelassen und wurde buchstäblich gelassener. Ich wusste, wenn ich die beste Frau für ihn bin, dann wird Gott mich ihm anvertrauen und ihn mir. Das war sehr befreiend. Ich betete in meiner Prüfungsphase: «Wenn René nicht dein Wille für mich ist, dann bin ich bereit, ihn aufzugeben.» Dadurch war ich nie verkrampft. Bei den früheren Bekanntschaften schrien meine Gefühle: «Ich will ihn! Ich will ihn! Ich will ihn unbedingt!» Bei René war es nicht mehr so. Ich war entspannt.

René — Es ist Liebe, wenn man die Person, in die man sich verliebt hat, loslassen kann. Weil ich sie liebe, soll sie den besten Partner bekommen. Und falls es für sie jemanden Geeigneteren gibt, dann will ich das akzeptieren.

Ester — Als ich noch auf den Philippinen und René in der Schweiz war, haben wir abgemacht, dass wir zur genau gleichen Zeit beten.

René — Bei Ester war es über den Mittag und bei mir fünf Uhr morgens.

Ester — Das hat unsere Beziehung bewahrt und ihr eine Tiefe gegeben.

D+D — Habt ihr auch heute noch Gebetsrituale?

Ester — Wir beten viel miteinander. Zum Beispiel segnen wir einander, bevor wir unterschiedliche Wege gehen oder auch wenn wir vor Herausforderungen stehen. Das heißt, wir wünschen einander Gutes von Gott.

René — Wir beten jeden Abend zusammen – wenn es möglich ist. Wenn es einmal nicht geht, ist es kein Weltuntergang. Daneben haben wir auch unsere getrennten Zeiten mit Gott. Besonders am Morgen bete ich für mich alleine.

Ester — Wir beten unterschiedlich. Ich möchte mich Gott öffnen und ihm alles sagen. René braucht gewöhnlich nicht so viele Worte.

René Das Gebet in der Ehe ist manchmal wie ein Zeitungsartikel (er schmunzelt). Der Mann betet die Schlagzeile und die Frau den Artikel.

Ester Darum betet am Morgen jeder für sich und am Abend beten wir zusammen. Jeden Wochentag haben wir einem speziellen Thema gewidmet. An einem Abend beten wir für uns als Familie. An einem andern beten wir für unsere Verwandten, dann für die Gemeinde und so weiter.

D+D Wenn ihr so viel betet, müsst ihr ja auch Auswirkungen davon spüren.

René Ja klar. Zum Beispiel hatten wir früher ab und zu verfahrene Missverständnisse. Wir waren wütend auf einander und jeder hat sich in ein Zimmer verzogen. Wir beteten dann jeder für sich: «Herr, bitte zeige dem andern, dass er im Unrecht ist.» Aber Gott zeigte uns meistens stattdessen unsere eigenen Fehler. Wir gingen jeweils wie reuige Hunde zueinander und entschuldigten uns.

Ester Ich sagte dann: «Es war mein Fehler.» Und René sagte: «Nein, nein, es war mein Fehler.»

René Bei Missverständnissen dachte ich zu Beginn der Ehe, dass Ester das absichtlich mache, um mich zu verletzen. Aber dann haben wir gelernt, dass Missverständnisse meistens ohne böse Absicht geschehen. Es ist einfach unser Unvermögen. Diese Erkenntnis war eine große Entlastung.

Ester René hat mir einmal gesagt: «Wenn ich etwas Falsches mache oder sage, dann geh immer davon aus, dass ich nicht schlecht von dir denke. Es war bestimmt nicht Absicht. Ich möchte das Beste für dich.» Das hat mir gut getan. Als er wieder einmal etwas tat, das mich verletzte, wusste ich: Er wollte mich nicht absichtlich verletzen, es ist einfach menschlich. So kann ich den Hang zum Negativen überwinden. Ich gehe jeweils zu ihm und frage ihn direkt: «Meinst du es so ... oder meinst du es so ...?» Dann kann René sich erklären und die Unstimmigkeit entspannt sich.

René Wir haben zum Glück schon recht früh in der Ehe kapiert, dass Verletzungen nichts mit böser Absicht zu tun haben.

Ester Es ist Gottes Gnade, dass wir nicht viel gestritten haben. Vielleicht war das eine Auswirkung der vielen Gebete. Wenn wir Konflikte hatten, ging es oft um meine Familie auf den Philippinen. Ich arbeitete damals nicht und unser Budget war eng. Aber meine Familie brauchte auch finanzielle Hilfe. Ich kann meine Ohren nicht einfach zuschließen und so tun, als hörte ich diese Hilfeschreie nicht. Aber für René war das wie ein Fass ohne Boden. Ich auf der andern Seite hatte ein schlechtes Gewissen. Ich habe es so gut hier. Das war eine der Hauptursachen für Konflikte zu Beginn unserer Ehe.

René Heute ist das kein Thema mehr. Ich besuchte ein Seminar über den rechten Umgang mit den Finanzen. Dort lernte ich, dass das Geld nicht mir, sondern Gott gehört. So wurde ich frei, um Menschen in Not zu helfen. Ester bekam mit der Zeit aber auch mehr Klarheit gegenüber ihrer Familie. Sie begann zu durchschauen, wenn eine Anfrage einfach ein Versuch war, an Geld zu kommen oder ob wirklich eine Not dahinter steckte. Sie lernte auch, das Geld an Bedingungen zu knüpfen: «Zuerst bringst du diese Dinge in Ordnung. Wenn du das nicht tust, bist du selbst schuld für deine missliche Lage. Erst dann werden wir dir helfen» Dadurch konnten Ester und ich einen gemeinsamen Weg finden, der für alle Seiten positiv ist.

Ester Wir haben im Laufe der Jahre auch immer wieder gesehen, wie Gott uns segnete, auch finanziell. Er hat gesagt, wir sollen den Armen geben, aber er selbst sei treu und schaut auch, dass wir nicht zu kurz kommen. Wir haben auch Veränderungen im Leben meiner Familie gesehen. Zwei meiner Schwestern und ihre Ehemänner waren drogenabhängig. Dann wurden sie Christen und heute sind sie frei von Drogen. Sie sind dankbar für die Unterstützung, aber auch für die Weisungen, die sie von uns erhalten haben. Auch meine Eltern haben die Beziehung zu Gott gefunden. Viele Kinder auf den Philippinen haben keine Hoffnung auf eine Zukunft, weil ihre Eltern die Schule nicht bezahlen können. Zusammen konnten wir einspringen und ihnen diese Hoffnung zurückgeben. Bei mir war das genau gleich. Ich fragte mich: «Woher bekomme ich nur das Geld für meine Ausbildung? Wenn ich doch nur einen Onkel in Amerika hätte!» Und jetzt bin ich selbst diese Tante in der Schweiz. Es macht mir große Freude, dass wir diesen Kindern Hoffnung geben können. Ich bin froh, dass sie nicht auf der Straße als Prostituierte und Drogenabhängige landen werden. Ich bin dankbar dafür, dass ich dazu beitragen kann. Ich weiß, dass Gott treu ist. Als ich aufwuchs, konnte ich mir nicht vorstellen, dass ich einmal einen Job haben werde, wo ich genug verdienen würde. Für Schweizer Verhältnisse ist es ein ganz normaler Lohn, aber für meine Heimat ist das viel Geld. Gott ist treu.

D+D Der nächste Punkt war: **Einander als von Gott geliebte Personen zu sehen.** Wie macht ihr das?

René Als ich mit dem Herzen verstand, dass Ester zutiefst von Gott geliebt wird, begann ich, sie in einem andern Licht zu sehen. Esters Leben trug schon vor unserer Hochzeit die Handschrift Gottes. Es war offensichtlich, dass er sich um sie kümmerte. Er hat sie aus ihrer hoffnungslosen Umgebung herausgelöst und ihr Sinn und Hoffnung auf eine Zukunft gegeben. Sie ist eine von Gott geliebte Frau. Dadurch wuchs mein Respekt vor ihr. Dieser Respekt hilft mir, Ester nicht unfair oder überheblich zu behandeln. Mir war bewusst, dass ich es mit einer von Gott geliebten Frau zu tun hatte. Es dauerte einige Jahre, bis diese Sicht vom Verstand in mein Herz hinabgerutscht ist.

Ester Weil ich weiß, dass René ein Gotteskind ist und von Gott geliebt ist, stehe ich viel weniger in der Gefahr, negativ von ihm zu denken. Negative Gedanken sammeln sich immer mehr an und irgendwann einmal sind sie eine ernste Gefahr für die Ehe. Aber aus Respekt vor Gott habe ich auch Respekt gegenüber René. Wenn einmal negative Gedanken aufkommen – vielleicht auch zu Recht, weil René etwas Entsprechendes getan oder gesagt hat – tue ich zwei Dinge: Erstens vergebe ich ihm so bald wie möglich und zweitens segne ich ihn. Wenn ich hingegen schlecht über meinen Mann denke, mache ich das Gegenteil von segnen: Ich spreche Negatives über ihm aus. Das will ich nicht, da schneide ich nur in mein eigenes Fleisch.

D+D **Warum wisst ihr so genau, dass ihr von Gott geliebt seid?**

René Einerseits glauben wir es einfach, weil es in der Bibel versprochen ist. Aber andererseits erleben wir es auch durch verschiedene Dinge. Wir erleben Bewahrungen, wir sehen den roten Faden seiner Führung in unserem Leben, wir erleben, wie er unsere Gebete erhört und wir spüren in vielen Situationen einen tiefen Frieden, der nicht natürlich erklärbar ist. Diesen Frieden kann nur Gott schenken.

Ester Von meinem Vater hörte ich immer wieder, dass mich

wegen meines Aussehens nie ein Mann heiraten werde. Ich glaubte es ihm und litt sehr darunter. Gottes Liebe sehe ich darin, dass ich Jesus kennen lernen durfte und dadurch diese Komplexe überwinden konnte. Auch dass ich René heiraten durfte, ist für mich ein Zeichen von Gottes Liebe zu mir. Ich wäre bei der Geburt unseres Sohnes beinahe gestorben. Dass ich meinen Sohn überhaupt sehen und auch miterleben durfte, wie er aufwuchs, ist für mich ein Geschenk von Gott.

D+D **Wie hat sich diese tragische Geschichte auf eure Ehe ausgewirkt?**

René Kurz vor und vor allem nach der Geburt kam es zu Komplikationen. An einem Sonntag spitzte sich die Situation sogar so sehr zu, dass niemand mehr wusste, ob Ester überleben würde. Ich hielt es im Krankenhaus nicht mehr aus. Also bin ich nach Hause gegangen. Ich rief eine gute Bekannte an und bat sie, in der Zwischenzeit zu Ester zu gehen. In meinem heulenden Elend betete ich zu Gott. Da hörte ich so deutlich eine Stimme, wie sonst nie mehr in meinem Leben: «Wir wissen aber, dass denen, die Gott lieben, alle Dinge zum Besten dienen» (Römer 8,28). Ich spürte dabei, dass ich von Gott getragen wurde. Aber ich wusste nicht, ob das bedeutet, dass Ester überleben wird oder nicht. Am Abend ging ich wieder zurück ins Krankenhaus. Ich wollte zuerst etwas essen. Als ich mich in die Krankenhauskantine begab, sah ich zufälligerweise die Kinderkrankenschwester, die für unser neugeborenes Baby zuständig war. Ich setzte mich zu ihr hin. Während des Essens fragte sie mich, wie Ester und ich uns kennengelernt haben. Ich erzählte ihr die Geschichte. Da meinte sie: «Wenn Gott euch so klar zusammengeführt hat, dann wird er euch jetzt nicht einfach so trennen.» Das hat mich ermutigt, auf Gott zu vertrauen.

Ester In der Zwischenzeit habe ich mit Gott gerungen. Ich betete: «Herr, du hast mir einen Jungen gegeben. Lass mich bitte am Leben, damit ich für ihn sorgen kann.» Ich musste fünf Wochen im Krankenhaus bleiben und mein Sohn mit mir. Den Kaiserschnitt mussten sie zwei Mal öffnen, um die Blutungen zu stillen. Aber ich überlebte. Als ich nach Hause kam, war es nicht einfach. Ich war noch lange Zeit sehr schwach und René war von der Mehrfachbelastung von Arbeit, Haushalt, Kleinkind und für mich zu sorgen, gestresst.

René Da lief ich voll am Limit. Zudem war klar, dass Ester an ihrem Herzen operiert werden musste. Das alles hat unsere Ehe belastet.

Ester Ich war nebst den körperlichen Schwächen in dieser Zeit auch psychisch nicht belastbar. Dann sind bei mir Fragen aufgekommen: «Warum hast du gerade mich geheiratet? Mit jemand anderem hättest du das nicht erleben müssen.»

René Eine Nachbarin bot uns an, ein Wochenende lang auf unser Baby aufzupassen, damit wir ein paar Tage verreisen konnten. Wir fuhren zusammen auf den Sternenberg. Das tat unserer Ehe sehr gut. Wir erhielten dort kräftemäßig zumindest wieder etwas Boden unter die Füße. Von da an ging es langsam wieder aufwärts.

Ester Nach einem langem Prozess der Heilung und verschiedenen anderen gesundheitlichen Problemen in den kommenden Jahren darf ich nun wieder arbeiten und einen großen Teil meiner Kraft zurückhaben.

René Von da an wusste ich noch viel stärker als bei der Hochzeit, dass Ester und ich zusammengehören. Ich bin sehr dankbar, dass Gott mir Ester gelassen hat. Das Bibelwort, dass denen, die Gott lieben, alles zum Besten dienen wird, hat mich in den kommenden schwierigen Jahren immer wieder durchgetragen.

D+D **Wie sieht die Liebe von Gott aus?** Könnte man davon für die Ehe lernen?

Ester Die Liebe von Gott ist bedingungslos.

René Wir können zum Beispiel jederzeit zu Gott gehen. Gerade auch wenn ich versagt habe, kann ich trotzdem oder erst recht zu ihm kommen. Ich muss nicht zuerst etwas leisten oder zuerst gut sein, bevor ich kommen darf. Das sehen wir zum Beispiel darin, dass Jesus für unsere Schuld am Kreuz starb, bevor wir überhaupt etwas Gutes tun konnten. Er hat uns mit Gott versöhnt, als wir noch nicht einmal geboren waren. Auf die Ehe übertragen kann das heißen, dass ich Ester zuliebe etwas tue, obwohl vielleicht eben erst etwas vorgefallen ist.

D+D Wenn ihr miteinander sprecht, muss immer einer in einer Fremdsprache sprechen. Zudem sind diese Sprachen einander sehr fremd und haben keine Ähnlichkeiten. Ihr habt es schon angesprochen, dass euch das bewusst war, und ihr euch deshalb in der Kommunikation von Anfang an Mühe gegeben habt. **Was sind eure besten Kommunikations-Tipps?**

Ester Habt kein Geheimnis voreinander! René weiß, was ich denke und ich weiß es von ihm.

René Es kommt lediglich darauf an, wann man etwas sagt. Es ist nicht gut, wenn man seine verborgenen Gedanken zu einem ungünstigen Zeitpunkt offen auf den Tisch legt. Es ist sicher wichtig, dass man anschließend genügend Zeit hat, um darüber zu sprechen.

Sehr wichtig ist, dass man sich gegenseitig seine Empfindungen mitteilt. Sag, wie du dich gefühlt hast, wenn dein Ehepartner dies oder jenes tat. Sei nicht anklagend: «Du hast ... immer tust du ...» Sondern sag es vielmehr mit deinem Empfinden: «Das wirkt auf mich so ... und ich wünschte mir, dass es in Zukunft so und so ...» Dadurch greife ich erstens Ester nicht direkt an, wenn ich ihr etwas mitteile und zweitens versteht sie, was bei mir abgelaufen ist. Für den Mann ist es normalerweise schwieriger, über seine Gefühle zu sprechen als für die Frau. Bei Ester weiß ich schnell, was abläuft. Sie sagt es sofort. Ich hatte das in meiner Familie nicht gelernt. Wir hatten viele Tabuthemen. Daher war es für mich ein Lernprozess. Aber ich stellte immer wieder fest, was es Gutes bewirkt hat, wenn ich von meinen Gefühlen gesprochen habe. Ich ärgerte mich manchmal wegen Ester und dachte, wie unsensibel ihr Verhalten sei. Doch dann stellte ich fest, dass ich ihr gar nie gesagt hatte, wie ich dabei empfunden hatte. Wie sollte es Ester von selbst lernen? Ich musste die Schuld also bei mir suchen und beginnen, von meinen Gefühlen zu erzählen.

Ester — Wir teilen uns mit, was uns bedrückt, was uns glücklich oder traurig macht und was uns beschäftigt. Das behalten wir nicht für uns. Wenn René einmal schweigsam ist und nichts sagt, dann ziehe ich oft zu schnell meine eigenen Schlussfolgerungen. Diese sind aber meistens falsch und führen nur zu weiteren Problemen. Viele Missverständnisse könnte man verhindern, indem man einander sagt, was innen abgeht, anstatt den andern rätseln zu lassen.

D+D — Wenn ihr sagt, dass es **ein gutes Gespräch** war, was waren wohl die Faktoren dafür?

Ester — Wenn René mich verstanden hat, dann war es ein gutes Gespräch.

René — Ja, gegenseitiges Verständnis ist entscheidend. Ich habe erst vor ein paar Jahren realisiert: Meine Frau hat immer Recht (Ester lacht). Manchmal denke ich, dass sie spinnt. Aber auch dann hat sie Recht. Zwar vielleicht nicht objektiv, aber subjektiv, weil sie es so empfindet. Ich realisierte: Auch wenn es Schwachsinn ist, sie empfindet es trotzdem so. Wie sie es sagt, ist es im Moment die Art, wie die Umgebung oder ein Vorfall auf sie wirkt. Das ist ihre Wahrheit. Es ist zwar nicht meine Wahrheit, aber es ist ihre. So gesehen muss ich sagen, hat sie immer Recht, auch wenn ich sie nicht verstehe. Als ich das realisiert habe, hat es vieles vereinfacht. Ich kann nun darüber nachdenken, warum sie so empfindet. So wächst mein Verständnis von ihrer Sicht und wir können auf dieser Ebene weiterdiskutieren. Zuvor versuchte ich, ihr aufgrund meiner Logik zu erklären, warum sie im Unrecht war. Ich denke mehrheitlich rationell und logisch und Ester vielmehr gefühlsbetont. Auf der Gefühlsebene spielen aber manchmal Dinge mit, die vielleicht zwanzig Jahre zurückliegen und ich gar nichts dafür kann, weil ich sie damals noch gar nicht gekannt habe. Wie will ich ihr also etwas logisch erklären, wenn es für sie anders ist? «Meine Frau hat immer Recht», das war eine echte Entlastung für mich.

D+D Aber im Alltag ist das nicht so einfach umzusetzen.

René Nein, wirklich nicht. Zum Beispiel haben wir im Büro, wo wir gemeinsam arbeiten, noch das ungelöste Problem mit der Aktenablage. Ester findet die Unterlagen meistens sofort, aber wenn ich ein Dokument selbst suchen muss, habe ich meine liebe Mühe. Letzte Woche hatte ich sie darauf angesprochen. Meinem Empfinden nach hat sie daraufhin emotionaler reagiert, als es die Situation erfordert hätte. Von meiner Logik her war klar: Wir müssen uns ein besseres Ablagesystem ausdenken. Früher hätte ich gesagt: «Hab dich nicht so. Wir organisieren heute Nachmittag das Ganze neu.» Aber weil ich weiß, dass meine Frau immer Recht hat,

	ist mir klar, dass hinter ihrer Reaktion noch etwas Tieferes steckt. Das müssen wir zuerst noch klären.
Ester	Ja, aber nicht jetzt.
René	Nein. Ein anderes Beispiel aus dem privaten Alltag: Unser heute 16-jähriger Sohn möchte abends mit seinen Freunden weg gehen. Ester möchte, dass er sagt, wohin er geht und wann er zurück sein wird. Er antwortet ihr: «Ich weiß noch nicht, wohin ich gehen werde, also kann ich auch noch nicht wissen, wann ich zurück sein werde. Ich bin einfach mit meinen Freunden unterwegs.» Ich hingegen möchte ihm eher die Freiheit lassen, selbst zu entscheiden. Früher wären Ester und ich uns wegen einer solchen Meinungsverschiedenheit in die Haare geraten. Aber heute weiß ich, dass Ester immer Recht hat. Sie hat aus irgendeinem Grund das reale Bedürfnis zu wissen, wo unser Sohn ist und wann er nach Hause kommt. Das heißt nicht, dass ich unsern Sohn nun zwinge zu sagen, wohin er geht und wann er zurück sein wird. Aber im Gespräch mit Ester bin ich mir bewusst, dass ich ihre Empfindung zu dieser Sache ernst nehmen muss. Es geht vor allem um die Einstellung, die ich gegenüber ihrer Meinung mitbringe.
D+D	Wie geht es anschließend weiter, wenn du eingesehen hast, dass sie Recht hat – und sie auch, dass du Recht hast?
René	Manchmal finden wir einen Kompromiss, manchmal gebe ich nach und sage, mach wie du willst oder auch umgekehrt sagt sie: «Also entscheide du.» Wenn es keine Rolle spielt, kann ich es heute auch einfach stehen lassen, dass wir nicht gleicher Meinung sind. Früher wollte ich immer alles zu Ende diskutieren. Ich wollte für alles Lösungen. Heute weiß ich, dass sich vieles mit der Zeit von selbst löst oder später keine

Rolle mehr spielen wird. Damit meine ich nicht, dass ich heute Probleme anstauen lasse, aber ich muss auch nicht mehr alles ausdiskutieren.

Ester In den ersten zehn Ehejahren nörgelte ich immer wieder. Ich wollte Recht haben und beachtet werden.

René Als Kind hatte sie gar keine Rechte. Gegenüber ihren Eltern und ihren älteren Brüdern galt sie nichts. Sie musste einfach gehorchen und im Haushalt arbeiten. Wenn ich etwas tat oder sagte und sie sich auch nur ansatzweise zurückgestellt fühlte, kamen die Gefühle von damals wieder hoch.

Ester Dann reagierte ich übermäßig und nörgelte an René herum. Aber als ich wieder einmal auf den Philippinen war, besuchte ich dort einen Gottesdienst mit zwanzigtausend Leuten. Dort erfüllte mich Gott mit einer unbeschreiblichen Freude. Gleichzeitig heilte er in mir verschiedene psychische Verletzungen aus meiner Kindheit. René sagte später: «Du hast dich verändert. Du nörgelst ja kaum noch.» Ich antwortete: «Nein, Gott hat mich verändert.» Noch heute ist es so, wenn ich Jesus Christus anbete und ihm Lieder singe, spüre ich seine heilende Kraft in mir.

René Ich frage mich manchmal, was geschehen wäre, wenn wir Jesus Christus nicht kennen würden. Wir beide sind von ihm verändert worden. Ohne ihn wäre ich vermutlich eine frustrierte Person geworden. Wir verdanken unserem Gott sehr viel.

D+D Wechseln wir noch zu einem andern Thema. Ihr habt in Bezug auf die **Vergebung** gesagt, dass euch folgendes Motto aus der Bibel geholfen hat: «Versöhnt euch wieder und lasst die Sonne nicht über eurem Zorn untergehen» (Epheser 4,26). Wie sieht das im Alltag aus?

René Es ist in unserer Ehe tatsächlich nur ganz wenige Male

vorgekommen, dass wir Rücken an Rücken geschlafen haben. Irgendein Streit war eskaliert. Einer von uns hat sich daraufhin zurückgezogen. Wir konnten uns nicht mehr ausstehen. Aber dann haben wir spätestens am nächsten Morgen reinen Tisch gemacht und einander wieder in die Arme geschlossen.

Ester — Aber in den meisten Fällen konnten wir das noch vor dem Einschlafen klären. Manchmal erst, wenn wir schon im Bett waren. Da hast du gefragt: «Liebst du mich noch?» oder «Willst du mich noch?» Das brach jeweils das Eis und wir haben darüber gesprochen und einander vergeben. Ich finde es schrecklich, wenn man nicht vergeben kann. Es tut mir weh, wenn ich lange unvergeben leben muss. Ich kann das nicht.

D+D — **Was ist die Voraussetzung, dass ihr euch vergeben könnt?**

Ester — Eine Umarmung oder ein Kuss als äußeres Zeichen ist sehr gut.

René — ... ebenso zuzugeben, was man falsch gemacht hat. Wir führen auch keine Liste, wer wem wie viel vergeben hat.

Ester — Es ist Gottes Gnade, dass wir uns nicht so viel verletzen. Es hat auch schon jemand gesagt, wir hätten eine langweilige Ehe, weil bei uns nicht so oft die Fetzen fliegen. Die Versöhnung danach sei doch so romantisch. Aber diese Romantikverstärkung brauchen wir nicht. Wir haben es auch so romantisch miteinander.

D+D — Herzlichen Dank für das Gespräch.

Patient verliebt sich in Krankenschwester

Marianne und Roland Bänziger

Obwohl Marianne sich als Teenager geschworen hatte, dass sie sich bei Untreue von ihrem Mann trennen würde, brachte ein gebeichteter Seitensprung die Ehe von Marianne und Roland nicht zu Fall. Das Paar erzählt über die Hintergründe und gibt Tipps, wie Untreue vermieden werden kann.

Mit 25 Jahren diagnostizierten Rolands Ärzte bei seinem linken Auge den Grauen Star. Da in seinem Wohnkanton Zürich in absehbarer Zeit keine Operation möglich war, reiste er in ein Krankenhaus nach Bern. Als die Krankenschwester Marianne sein Bett zum Operationssaal fuhr, mussten sie vor dem Lift warten. Roland witzelte: «Was machen wir, wenn der Lift plötzlich stecken bleibt?» Marianne schmunzelte, ging aber nicht darauf ein. Der Lift funktionierte einwandfrei und die Operation verlief gut. Anschließend gehörte es zu den Aufgaben der Krankenschwestern, Flüssigkeiten in Rolands Auge zu tröpfeln. Einmal musste es so regelmäßig geschehen, dass Marianne neben Roland sitzen blieb. Sie dachte sich aber nichts dabei, schließlich hatte sie bereits viele solche Patienten gehabt.

Marianne Bänziger (1950)
Roland Bänziger (1949)
Hochzeit: 1975
2 Kinder

Als es Roland besser ging, durfte er das Krankenhaus für einige Stunden verlassen. Ein Auge war noch verbunden, aber auch mit dem anderen, dem gesunden, fiel ihm die Schönheit der Krankenschwester Marianne auf. Zu Hause war er kein Frauenheld, trotzdem wagte er es in Bern, die Krankenschwester um ein Date zu bitten. Er fragte, ob sie mit ihm ausgehen wolle. Sie fühlte

sich geschmeichelt. Schließlich hatte Roland sie aus all den vielen Frauen des Pflegepersonals ausgesucht. Sie willigte ein. Unterwegs fragte er sie, was ihre Vorliebe sei. Sie antwortete: «Ich mag rohe Tomaten.» Obwohl im Restaurant großer Betrieb herrschte, schaffte es Roland, ihr frische Tomaten zu besorgen. Marianne erinnert sich: «Ich freute mich, dass er sich so für mich einsetzte. Ich war am Arbeitsplatz nicht auf der Suche nach einem Mann, aber es faszinierte mich, dass einer Freude an mir zeigte.»
Für die Nachkontrollen musste Roland wieder in Bern erscheinen. Er übernachtete bei seinem Cousin in der Nähe. Von dort aus trafen sich Marianne und Roland weitere Male. Es funkte zwischen den beiden. Aber Roland hatte in Zürich bereits eine Freundin. Er erzählt: «Ich merkte bald, dass ich nicht auf zwei Hochzeiten tanzen kann. So habe ich die Beziehung in Zürich beendet. Ich war so in Marianne verliebt, dass es für mich klar war, dass es mit ihr weitergehen musste. Die andere Beziehung hatte keine Basis.»

Marianne hatte bereits Pläne, wie ihre nahe Zukunft aussehen sollte. Sie wollte für einen Monat nach Irland in die Ferien verreisen und anschließend in die Westschweiz ziehen, um dort in einem Krankenhaus zu arbeiten. Sie hatte zuvor von einer jungen Frau gehört, die wegen einer neuen Bekanntschaft ihre geplanten Reisen abgesagt hatte. «Ich sagte mir, dass ich ganz sicher keine versprochenen Reisepläne absagen würde», weiß Marianne zu berichten. Kurze Zeit später stand sie mit Roland vor der gleichen Situation. Aber sie entschied sich dafür, ihr Vorhaben wie geplant durchzuführen. Sie verreiste mit zwei Freundinnen nach wenigen Wochen Bekanntschaft für mehr als einen Monat nach Irland. Roland schrieb ihr Briefe, die Marianne an verschiedenen Poststellen entlang ihrer Reiseroute abholen konnte. Ein einziges Mal rief Marianne Roland an. Es war ein merkwürdiges Gespräch. «Ich freute mich so darauf, Rolands Stimme zu hören, dass ich am Telefon keinen Ton herausbrachte», erinnert sich Marianne, «aber für mich war es ein Schutz zu wissen, dass Roland zu Hause auf mich wartete. Wir drei Frauen lernten unterwegs zwei Deutsche kennen und unternahmen einiges mit ihnen. Für mich war aber klar, wo die Grenzen waren.»

Nach dieser Reise zog Marianne nach Morges an den Genfersee. Die beiden schrieben sich viele Briefe. Roland besuchte sie immer wieder. Manchmal stieg er nachts um vier Uhr in sein Auto in Freienbach Kanton Schwyz, damit er Marianne um sieben Uhr mit frischem Frühstücksgebäck von der Nachtwache abholen konnte. Roland machte es nichts aus, für Marianne früh aufzustehen: «Die Schmetterlinge zogen mich zu ihr.»

Als Marianne Roland einmal in Zürich besuchte, gingen sie gemeinsam mit Freunden von ihm essen. Als sie wieder abgereist war, sagte ein Freund im Scherz etwas Abschätziges über sie. In Roland begann es zu kochen. Er wehrte sich für sie. Da realisierte er, dass es ihm ernst war mit Marianne. «Auch heute noch spricht Roland nie negativ über mich», sagt Marianne stolz. Roland erklärt: «Ich kann es nicht ausstehen, wenn über jemanden negativ gesprochen wird, der nicht anwesend ist. Schon früher griff ich jeweils ein, wenn jemand schlecht von seinem Ehepartner geredet hat. Loyalität zwischen Ehepartnern, aber auch gegenüber Vorgesetzten, ist für mich das Größte. Diese Einstellung war sicher gut für unsere Ehe.»

Marianne hatte eine Freundin, die einen Schotten geheiratete hatte und nun in Schottland wohnte. In einer Ferienwoche beluden Roland und Marianne das Auto mit den Reisekoffern. Sie planten, bei dieser Freundin Ferien zu machen. Ohne zuvor jemandem etwas zu sagen, stießen die beiden auf der Fähre zwischen Frankreich und England mit Sekt auf ihre Verlobung an. Sie hatten bereits in der Schweiz Verlobungsanzeigen kreiert und vervielfältigt. Diese schickten sie nun von England aus ihren Eltern und Freunden.

Mariannes Eltern hatten einen Tag nach dem Geburtstag ihres Vaters im Mai geheiratet. Das hatte sie als Kind so fasziniert, dass sie sich vornahm, es mit ihrem zukünftigen Mann genauso zu arrangieren. Da Roland aber am 26. Dezember Geburtstag hat, bedeutete dies, dass sie am Wintertag, dem 27. Dezember, heiraten wollten. Roland trug einen Rollkragenpullover und eine Manchesterjacke. Dass ihr Hochzeitsfest wegen des Datums anders war als üblich, störte die beiden gar nicht. Es kam ihnen gelegen, dass sie nicht wie alle anderen heiraten mussten. Marianne erinnert sich: «Auf dem Zivilstandesamt erhielten wir eine Anleitung, wie während des Festessens die Sitzordnung der Eltern und Verwandten zu sein hatte. Diese Normen und Erwartungen haben uns so abgestoßen, dass wir beschlossen, absichtlich anders zu heiraten. Wir machten ein kleines Fest mit unseren Eltern, den Geschwistern und Freunden.» – «Marianne trug ein blaues Kleid. Wäre es weiß gewesen, hätte ich sie im Schnee gar nicht gesehen», erzählt Roland schmunzelnd. Sie heirateten in der Kirche, weil es zur Tradition gehörte, aber nicht weil es ihnen etwas bedeutet hätte. Der Pfarrer hielt die Traupredigt. Anschließend wollte er den Gottesdienst als beendet erklären, als ein Freund aus den Reihen der Hochzeitsgäste den Pfarrer darauf aufmerksam machte, dass er die Braut und den Bräutigam noch trauen müsse. Sofort holte er dies nach. Roland und Marianne gaben sich das Ja-Wort. Er sagt rückblickend: «Wir wussten nicht genau, wozu wir alles Ja gesagt haben. Wir waren einfach verliebt.» Marianne ergänzt: «Wir wollten unseren Schmetterlingen ein Zuhause bieten. Darum haben wir geheiratet. Unsere Eltern waren beide nicht geschieden. Von daher war es für uns normal, dass man zusammenbleibt. Aber mehr wussten wir nicht darüber, wie man eine Ehe führt. Wir hatten auch keine Maßstäbe, an denen wir uns hätten orientieren können. Man hörte verschiedene Ansichten und selbst hatte man auch noch eine Meinung und so haben wir es einfach irgendwie gemacht. Wir kannten damals Gott und seine Richtlinien für das Leben noch nicht.»

Nach etwa einem Jahr Ehe leitete Roland mit zwei weiteren Leiterinnen ein Camp. Marianne war nicht ganz wohl dabei. Am Ende der Woche fuhr sie hin, um Roland abzuholen. Das Material des Camps musste noch von dort nach Burgdorf gebracht werden. Marianne freute sich, ihren Mann wiederzusehen. Doch er fuhr mit den beiden anderen Frauen im Auto voraus. Marianne musste alleine in ihrem eigenen Auto hinterherfahren. Sie denkt nicht gerne daran zurück: «Ich kam mir schön blöd vor. Das war sehr deprimierend. Wir haben uns eine Woche nicht gesehen, dann fährt er mit diesen beiden nach Burgdorf und ich alleine hinterher.» Sie hatte das sonderbare Gefühl, dass zwischen der einen Frau und Roland etwas laufen könnte. Sie sprach ihn darauf an. Aber er verneinte. «Es war nicht gelogen, denn mit dieser Frau war auch nichts», erzählt Marianne, «für mich war das Thema damit erledigt.» Was dort wirklich geschehen war, kam erst fünf Jahre später ans Tageslicht.

D+D Ihr seid nun 34 Jahre verheiratet. Was sind für euch die wichtigsten Gründe, dass eure Ehe nun schon so lange gehalten hat und dass ihr immer noch glücklich miteinander seid?

Marianne **Wir haben an der Entscheidung füreinander festgehalten, auch wenn wir Hochs und Tiefs erlebt hatten. Unsere Ehe machte Fortschritte, als wir uns – jeder sich selbst und wir uns als Paar – aber vor allem Gott besser kennen lernten. Zudem ist eine Ehe nicht etwas Perfektes. Fehler geschehen. Wir mussten lernen, konstruktiv damit umzugehen.**

D+D Wie habt ihr **an der Entscheidung füreinander festgehalten?**

Marianne Bei Schwierigkeiten dachte ich daran, Roland auf den Mond zu schießen, aber an eine äußerliche Scheidung dachte ich nie, das kam nicht in Frage. Es gab aber schon Momente, in denen ich mich innerlich von ihm distanzierte und sagte: «Jetzt habe ich genug von ihm. Er ist der Letzte.» Aber mit einer tatsächlichen Trennung hatte das nichts zu tun. Als Teenager war das anders. Damals hatte ich mir zwei Dinge fest vorgenommen: Erstens wollte ich nie Pflegekinder haben, wenn schon fremde Kinder, dann wollte ich sie adoptieren. Und zweitens würde ich mich von meinem Mann trennen, wenn er mich betrügen würde. Das war fest in meinem Herzen verankert. Aber als ich Gott kennen lernte, hat er begonnen, mein Herz zu verändern. Wir hatten viele Jahre später nebst unseren beiden eigenen Kindern nacheinander zwei Pflegekinder. Und das war eine sehr gute Sache. Das zweite ist eine Geschichte für sich.

Roland Sie beginnt da, wo wir Gott kennen gelernt haben. Das war so: Ich fluchte viel, wenn etwas nicht funktionierte.

Marianne Ich sagte, er solle damit aufhören.

Roland Und ich antwortete: «Wenn die Kinder älter werden, dann höre ich auf.» Aber so einfach war es nicht. Kaum konnte unser Sohn sprechen, begann er, ebenso zu fluchen. Da wusste ich, dass ich in meinem Leben etwas verändern musste. Aber ich wusste nicht wie.

Zur gleichen Zeit bekam ich an meiner damaligen Arbeitsstelle im Pflegeheim einen neuen Chef. Wir hatten damals eigene Schafe und so schenkte er mir ein Buch über den guten Hirten im Psalm 23. Ich merkte sofort, dass es etwas mit Gott zu tun hatte, deshalb versorgte ich es ungelesen im Bücherregal. Wir wussten, dass er ein gläubiger Mensch war, daher kamen wir uns gut vor, als wir formhalber ein Tischgebet sprachen.

Marianne Sonst haben wir das kaum gemacht, obwohl wir von unseren Eltern noch ein vorgefertigtes Tischgebet kannten.

Roland Nach mehr als einem Jahr kam mir dieses Buch wieder in die Finger. Ich las es in einem Zug durch. Am Ende hatte ich begriffen: Mein persönlicher guter Hirte ist Jesus und er steht vor meiner Tür und klopft an. Jetzt war ich bereit, ihm zu öffnen. Ich packte das Buch in meine Jackentasche und ging zu den Schafen auf die Weide. Dort betete ich zu Jesus und bat ihn, der Herr von meinem Leben zu werden. Anschließend half mir mein Chef, die Zusammenhänge des Glaubens und der Bibel besser zu verstehen.

Marianne Zwei Tage später habe ich ganz unabhängig von Roland das Gleiche getan. Vom Krankenhaus, in dem ich die Lehre absolviert hatte, gab es in unserer Region regelmäßige Treffen von ehemaligen Angestellten. Ich leitete dieses Treffen zusammen mit einer Kollegin, die eine Beziehung zu Gott pflegte. Sie schenkte mir das Büchlein «Neues Leben». Darin waren verschiedene Lebensgeschichten abgedruckt, die positiv von Gott geprägt waren. Eine Frau zum Beispiel versöhnte sich, nachdem sie Jesus kennen gelernt hatte, nach der Scheidung wieder mit ihrem Mann. Sie heirateten ein zweites Mal. Das ganze Büchlein faszinierte mich. Ganz am Ende stand, dass ich von Gott getrennt und dass dies mein größtes Problem sei. Das machte mich stutzig. Ich habe nie gestohlen, nie jemanden ermordet und auch sonst nichts Schlimmes getan. Aber da stand, dass es nicht auf diese Dinge ankäme, sondern dass ich so oder so von Geburt an von Gott getrennt sei. Um wieder in Verbindung mit Gott treten zu können, bräuchte ich Jesus, stand dort. Da dachte ich: «Wenn das so ist, dann weiß ich nichts mehr zu sagen.» Ich habe Jesus gebeten, Herr von meinem Leben zu werden und meine Verbindung zu Gott zu reparieren. Daraufhin spürte ich ein starkes Verlangen, mehr über Gott zu erfahren. Ich las viele Bücher und besuchte verschiedene Vorträge, die zum Thema Glauben angeboten wurden.

Roland Bei mir war es mehr wie ein Feuer, das angezündet wurde, aber dann vor sich hin brannte. Ich legte nicht bewusst Holzstücke nach. Erst mehrere Jahre später, als ich in unserer Kirche einen Glaubensgrundkurs besuchte, begann mein Glaube im Alltag Fuß zu fassen. Nach 29 Ehejahren haben wir dann nachgeholt, was wir eigentlich bereits vor unserer Hochzeit hätten tun sollen. Wir besuchten einen **Ehevorbereitungskurs.** Nach diesem Wochenende gingen wir im Hotelzimmer voreinander auf die Knie und gaben einander nochmals ganz neu ein Eheversprechen. Da haben wir auch ganz bewusst Gott mit einbezogen. Nun wussten wir ja schon viel besser, was wir einander versprechen und was dies für Konsequenzen haben würde.

D+D **Hat sich eure Ehe geändert, als ihr begonnen habt, Gott mit einzubeziehen?**

Roland Ja. Die Geschichte mit der Frau aus dem Camp kam wieder hoch und ließ mich nicht mehr in Ruhe. Nach ungefähr einem Jahr Ehe hatte ich diese andere Frau kennengelernt. Es war nicht diejenige, über die Marianne mich ausgefragt hatte, sondern die zweite. Ich dachte damals, ich müsse etwas mit ihr anfangen. Es kam zum Seitensprung. Ich spürte aber, dass es nicht richtig war und beendete die Beziehung schnell wieder. Erst fünf Jahre später, als Gott in mein Leben kam, begann mein Gewissen zu mir zu sprechen. Ich merkte, dass ich diese Sache bei Marianne in Ordnung bringen musste. Wenn unsere Ehe von Ehrlichkeit und gegenseitigem Vertrauen geprägt sein sollte, dann musste ich reinen Tisch machen. Zuvor hatte ich zwar ein ungutes Gefühl, aber ich sah nicht die Notwendigkeit einer Beichte. Ich las in Zeitschriften Artikel darüber, dass man besser nichts sage, weil sonst etwas Negatives passieren könnte. Aber nun wusste ich, dass dieses Geheimnis eine unsichtbare Mauer zwischen uns war, die eine ganz tiefe Vertrautheit und Intimität verhinderte. Daraufhin habe ich es Marianne erzählt.

Marianne Ich saß da und wusste, dass nun das, was ich von Gott gelernt hatte, getestet wurde. Im ‹Unser Vater› heißt es: ‹Vergib uns unsere Schuld, wie auch wir vergeben unsern Schuldigern.› Ich wusste, dass Gott mir alle meine

Schuld vergeben hatte, darum sollte auch ich meinen Mitmenschen vergeben. Ich hatte fast keine andere Wahl. Ich vergab Roland. Aber ich brauchte einige Zeit, um diese Angelegenheit zu verarbeiten. Es dauerte eine Weile, bis die Verletzung geheilt war. Dann kam auch mein Vorsatz aus der Teenager-Zeit wieder hoch. Ich hatte mir ja geschworen, meinen Mann zu verlassen, wenn er untreu wäre. Aber das stand im Widerspruch zur Vergebung. Ich sah auch unsere kleinen Kinder vor mir. Wenn ich Roland verlassen würde, hätten sie ja keinen Vater mehr. Das konnte ich nicht zulassen. Ich spürte, dass unsere Ehe mit Gottes Kraft weiterbestehen konnte.

D+D Hast du, Roland, damit gerechnet, dass sie dir vergibt?

Roland Ich wusste überhaupt nicht, was auf mich zukommen würde. Ich rechnete mit allem. Ich wusste einfach, dass es nicht richtig war, weiter mit diesem Geheimnis zu leben. Auf diese Weise konnte ich nie ein glaubwürdiger Ehemann sein.

D+D Aber es gibt auch Stimmen, die sagen, dass du derjenige seist, der den Fehler gemacht habe. Darum solltest du lernen, damit zu leben, anstatt deine Ehefrau durch die Beichte zu belasten und zu verletzen.

Roland Diese Aussage kannte ich, aber ich musste sie ignorieren. Das wäre nicht ehrlich gewesen. Die Tatsache, dass ich es Marianne angetan habe, war da, ob sie es wusste oder nicht. Ich konnte es nicht ungeschehen machen, auch wenn ich es mir noch so sehr wünschte. Ich wusste einfach, dass ich nun mein Leben aufräumen musste, um zu einem würdigen Ehemann werden zu können. Es gab damals noch viele Kellerräume in meinem Leben, in denen ich mit dem Besen durch musste. Dieser Keller gehörte dazu.

D+D Marianne, würdest du hinterher sagen, dass es gut war,

dass Roland es dir gesagt hat?

Marianne Ja, denn dadurch kam eine Ehrlichkeit in unsere Beziehung, die wir beide zuvor nicht gekannt hatten. Es machte sicher viel aus, dass er das Geständnis in einem guten Rahmen ablegte. Unsere Ehe war zu dieser Zeit grundsätzlich gut. Ich wüsste nicht, wie ich reagiert hätte, wenn ich die Vergebung Gottes noch nicht gekannt hätte. Ich wäre wohl von den verschiedenen Meinungen und meinem Vorsatz aus der Teenagerzeit hin und her geworfen worden. Ich hätte nicht gewusst, wie ich mich verhalten sollte. Ich bin sehr froh, dass ich Jesus bereits gekannt habe.

Ich merkte bald einmal, dass es Roland wirklich ernst war. Mich beeindruckte auch, dass Roland es zugegeben hatte, obwohl ich nichts gemerkt hatte. Seine Ehrlichkeit half unserer Ehe, davon bin ich heute überzeugt. Diese Ehrlichkeit passte damals gar nicht zu Roland. An diesem Abend lernte ich eine ganz neue Seite an ihm kennen. Ich brachte dadurch den Mut auf, ihm auch aus meinen dunklen Kellern zu erzählen. Heute habe ich das Gefühl, dass wir ganz offen und ehrlich zueinander sind. Wir reden über alles.

Ich fragte mich, warum ich damals nichts gemerkt habe. Wie war es möglich, dass Roland diese Beziehung haben und dann auch noch das Geheimnis fünf Jahre mit sich herumtragen konnte, ohne dass ich dahinter kam? Ich stellte fest, dass wir uns gar nicht richtig an unseren Innenleben teilhaben ließen. Wir wussten nicht, wie es dem andern ging und wie er fühlte. Dieses Geheimnis konnte da sein, weil wir kaum tief ineinander hineingesehen haben.

Roland Ich führte mein Leben und du führtest dein Leben. Wir tauschten nicht viel über unser Befinden aus und ließen einander nicht ins Herz schauen.

Marianne Wir haben schon miteinander gesprochen. Aber wir hatten damals noch viele verborgene Dinge, die jeder für sich hatte. Wir kannten uns gar nicht tief genug, um zu merken, dass so etwas ablief.

Roland Wenn wir einen Konflikt hatten, trug ich mit meinem Verhalten auch dazu bei, dass wir nicht miteinander gesprochen hatten. Ich ging jeweils aus dem Raum und schlug die Tür zu, so dass das ganze Haus zitterte. Ich wollte von diesen Konflikten nichts wissen.

D+D Könnte man sagen, dass vertieft und vertraut miteinander zu sprechen helfen könnte, einen Seitensprung zu verhindern?

Marianne Ja, sicher. Nicht einfach nur reden, sondern richtig Anteil nehmen, am Leben, den Gefühlen, den Siegen und Niederlagen des anderen. Aber darüber hinaus würde Roland heute nicht mehr alleine mit einer oder zwei fremden Frauen ein Camp leiten.

Roland ... oder auch sonst mit einer Frau alleine sein. Nicht, weil ich die konkrete Befürchtung hätte, dass es wieder passieren könnte, sondern einfach als Selbstschutz. Es geht allgemein darum, wie ich mit weiblichen Reizen umgehe. Dass wir heute immer wieder erotischen Reizen ausgesetzt sind, ist unumgänglich. Aber es liegt an mir, wie lange ich hinschaue und vor allem, wie lange ich die daraus entstehenden Gedanken weiterspinne.

Marianne Sicher hilft auch ein Ehevorbereitungskurs, einem Seitensprung vorzubeugen. Wenn man lernt, was in einem abläuft und wie die Mechanismen zwischen Mann und Frau spielen, kann viel besser darauf geachtet werden. Einander und sich selbst besser kennen zu lernen, half unserer Ehe sehr. Wir haben einen Persönlichkeitstest gemacht und konnten viel über uns und unser Verhalten erkennen. Es ist nie zu spät, etwas Neues zu entdecken. Wenn ich mich vom Ehepartner angenommen fühle und einen guten Selbstwert habe, muss ich nicht testen, ob ich bei diesem Mann oder jener Frau auch gut ankommen würde. Wenn ich aber die Bestätigung zusätzlich von andern brauche, dann verhalte ich mich so, dass der Funke bald einmal überspringt. Dann ist es schwierig, bei einer konkreten Möglichkeit Nein zu sagen.

Roland — Es ist auch gut, wenn die Sexualität in der Ehe ihren Platz hat. Aber noch wichtiger ist es, dass das Ehepaar lernt, darüber zu sprechen, wie sie dabei empfinden – was jedem gefällt und was gut tut. So wird diese Ebene ganzheitlicher und erfüllender.

Marianne — Ja, wenn man von Herz zu Herz miteinander sprechen kann, wirkt sich das positiv auf das Sexualleben aus.

D+D — Wie habt ihr gelernt, **tiefer miteinander zu sprechen?**

Marianne — Ich wurde durch das Lesen in der Bibel verändert. Ich besuchte Kurse und erhielt dort gute Tipps. Bei meinen Eltern zum Beispiel galt: «Dem Frieden zuliebe schweigt man.» Plötzlich realisierte ich, dass dieser Satz unserer Ehe schadete. Seither kann ich diesen Satz nicht mehr hören. Ich begann, gegen das Schweigen anzukämpfen. Es bereitete mir zum Beispiel Mühe, unangenehme Dinge anzusprechen. Aber ich realisierte, dass ich nicht mehr schweigen durfte! Uns blieb nichts anderes übrig; wir mussten lernen, miteinander zu sprechen.

Roland — Mein Kurs war Marianne. Sie bombardierte mich mit dem, was sie gehört hatte. Dabei holte sie mich immer wieder aus meinem Schneckenhaus heraus. Nicht selten wurde es mir zu viel. Aber ich setzte mich schon auch damit auseinander.

Marianne — Dass meine Beziehung zu Gott gewachsen ist, hat sich nicht nur auf unsere Ehe positiv ausgewirkt. Auch mit den Kindern habe ich einiges erlebt. Zum Beispiel kamen sie immer wieder mit dreckigen Stiefeln in die frisch geputzte Wohnung. Ich verlor die Beherrschung und schrie sie an. Kurze Zeit später tat es mir aber leid und ich entschuldigte mich. Am nächsten Tag schrie ich sie wieder an und daraufhin entschuldigte ich mich wieder. Ich hatte das Gefühl, dass ich mich andauernd entschuldigen, mich aber nicht verbessern könne. An einem Vortrag hörte ich, dass ich mich nicht nur auf der zwischenmenschlichen Ebene entschuldigen müsse, sondern dass ich auch Jesus um Vergebung bitten solle. Wenn ich ihm sage, dass ich seine Hilfe brauche, um nicht immer aufbrausend zu sein, würde die zwischenmenschliche Ebene von alleine besser. Als das nächste Mal wieder etwas mit den Kindern vorgefallen war, erinnerte ich mich daran. Ich sagte Jesus, dass es mir leid tue, dass ich schon wieder die Geduld verloren habe. Etwa drei Tage später sagte mein Sohn zu mir: «Mami, was ist nur los? Es ist so ruhig in unserem Haus.» Ich freute mich sehr, dass es funktioniert hatte. So lernte ich Schritt für Schritt mehr über das Leben im Glauben an Gott. Weil ich immer wieder feststellte, dass es im Alltag tatsächlich funktionierte, war ich sehr begeistert von Gott.

Roland Mir entging natürlich nicht, dass Marianne sich zum Guten veränderte. Aber miteinander zu sprechen ist wirklich schwierig, jedoch sehr wichtig. Wir hatten einige Missverständnisse, weil wir über verschiedene Dinge nicht gesprochen hatten.

Marianne Zum Beispiel arbeitete Roland in einem Pflegeheim und war für die Organisation der Ausflüge zuständig. Er machte das sehr gut. Aber für uns als Familie hat er nie einen Ausflug geplant. Bei meinen Eltern war es immer der Vater, der die Initiative für besondere Unternehmungen ergriffen hatte. Daher hatte ich die Erwartung, dass bei uns auch der Ehemann dies machen müsse. Ich ging davon aus, dass Roland das auch so sah. Diese Erwartung führte in unserer Ehe manchmal zu Spannungen, bis wir darüber zu sprechen begannen.

Roland Ich bemerkte natürlich nicht, dass Marianne das von mir erwartete. Arbeit war Arbeit und zu Hause war zu Hause. Das, was ich an beiden Orten machte, hatte nichts miteinander zu tun. Es ist daher sehr gut, wenn man Erwartungen ausspricht. Erst im Gespräch stellte ich fest, was Marianne vermisste.

Heute reiben wir uns nicht mehr an den groben Dingen. Die sind abgeschliffen. Wir reiben uns an feinen Unterschieden oder an der nonverbalen Kommunikation. Da kann es schon auch mal gewittern. Viele möchten gerne eine friedliche und höfliche Beziehung. Aber wenn man das zusammennimmt, ergibt sich eine friedhöfliche Beziehung. Das kann nicht das Ziel sein. Fehler geschehen und Konflikte ergeben sich. Man muss lernen, konstruktiv damit umzugehen.

D+D **Wie geht ihr konstruktiv mit Fehlern um?**

Roland Wenn wir Krach haben, gehen wir zuerst einmal etwas auf Abstand. Ich gehe zum Beispiel an den Computer oder vor den Fernseher.

Marianne Damit haben wir gute Erfahrungen gemacht. Wir nehmen uns eine Auszeit und jeder beruhigt sich, bevor wir die Sache ausdiskutieren. Die Beruhigungszeit dauert vielleicht zwanzig Minuten. In dieser Zeit können wir mit Gott den Konflikt besprechen ... so ist das Ärgste schon in Worte gefasst.

Roland Dann warte ich einfach, bis Marianne kommt und sich entschuldigt.

Marianne Und ich warte bis Roland sich entschuldigt (beide lachen). Nein, heute ist für uns klar, dass wir das, was vorgefallen ist, sobald wir uns beruhigt haben, nochmals zusammen anschauen. Roland sagt dann, wie er die Situation empfunden hat. Ich versuche zuzuhören. Anschließend hört Roland mir zu. Dann versöhnen wir uns wieder. Daraus ergeben sich manchmal sehr schöne Momente der Zweisamkeit und ich denke: Ich habe doch wirklich den besten Mann! Mich beeindruckt es immer sehr, wenn Roland dazu stehen kann, dass er auch Schwächen hat und wenn er sich traut, sie in Worte zu fassen.

Roland — Ich kann noch viel lernen, aber über meine Gefühle kann ich bestimmt besser sprechen als früher.

D+D — Wie kann ein junger Ehemann das auch lernen?

Roland — Für mich sind Männerfreundschaften sehr hilfreich. In unserer Kirche haben wir Gesprächsgruppen, in denen sich die Männer und Frauen getrennt treffen. Früher wünschte ich mir immer einen Freund, mit dem ich durch dick und dünn gehen könnte. Aber ich habe nie einen gefunden. Es spielt an dieser Stelle keine Rolle, an wem es gelegen hat ... Aber jetzt erlebe ich das in den neuen Beziehungen. Wir können einander erzählen, wie es uns geht und was uns beschäftigt, ohne vor einer Frau etwas darstellen zu müssen. Ich kann sein, wie ich bin. Mir hat dieses Umfeld geholfen, mein Innenleben in Worte zu fassen und dazu stehen zu können, wenn mir etwas ans Herz geht. Zum Beispiel konnte ich lange nicht weinen. Früher hörte ich oft: «Ein Junge weint nicht.» Das hat sich bei mir festgesetzt.

Marianne — Ich betete viel dafür, dass Roland wieder weinen kann. Ich wusste, wie weinen entlastet. Das wünschte ich Roland auch.

Roland — Ich realisierte das auch und betete darüber zu Gott. Damals war mein Vater krank. Marianne und meine

Schwester pflegten ihn während der Arbeitswoche und ich an den Wochenenden. An einem Sonntag, bevor ich wieder nach Hause fuhr, erzählte ich ihm, was Jesus in meinem Leben für eine Rolle spielt und was er alles Gutes bewirkt hatte. Er nahm die Versöhnung von Jesus an diesem Tag auch an. Einige Tage später starb er. Als mich die Nachricht von seinem Tod erreichte, fuhr ich zu ihm. Während ich ihn dort liegen sah, konnte ich endlich weinen. Alles, was sich in mir angestaut hatte, brach hervor. Daraufhin lernte ich, damit umzugehen. Heute bekomme ich bei emotionsgeladenen Filmen auch feuchte Augen und ich muss mich dabei vor Marianne nicht schämen. Ich würde also einem jungen Mann empfehlen, es einfach zu versuchen. Zeige dich verletzlich und schäme dich nicht dafür. Beginne, über deine Empfindungen zu reden.

D+D **Habt ihr ein Ehemotto?**

Marianne Vielleicht: **«Gib jedem Tag die Chance, der beste Ehetag zu werden.»**

D+D Was tut ihr dafür, dass der Tag ein guter Ehetag wird?

Marianne Zuerst einmal muss ich den vorhergehenden Tag in Frieden abschließen, so bekommt der nächste Tag eine gute Chance. Früher war das anders. Da war irgendetwas vorgefallen und man konnte nicht darüber reden. Wir nahmen den Groll mit ins Bett. Am nächsten Tag konnte man nicht einfach ‹Guten Morgen› sagen. Man musste wütend bleiben, weil man sonst das Gesicht verloren hätte. Es dauerte eine Weile, bis die Beziehung wieder zu spielen begann. Das dauerte auch mal drei Tage. Das war schlimm für mich, aber ich dachte, ich könne doch nicht immer nachgeben.

Roland Mir war es egal, wie es ihr dabei erging. Sie sei selbst schuld, wenn sie den ersten Schritt nicht macht, dachte ich. Schließlich war es ja von Anfang an ihr Fehler, dass wir aneinander geraten waren. Das waren früher meine Gedanken.

Marianne Heute versuchen wir, die Unstimmigkeiten möglichst bald zu bereinigen.

Roland Es ist auch schon vorgekommen, dass wir am Abend nicht mehr darüber sprechen konnten.

Marianne Aber dann sagen wir wenigstens: «Gell, wir sprechen morgen noch darüber.» Diese Aussprachen sind sehr wichtig. Einmal saßen wir uns bei einem solchen Gespräch gegenüber. Am Schluss fragte Roland: «Ist nun alles wieder in Ordnung?» Ich antwortete: «Nein, noch nicht.» Da schaute er mich mit großen Augen an: «Was ist denn noch?» – «Es wäre wunderschön, wenn du jetzt neben mir sitzen und deinen Arm um mich legen würdest.» Er tat es. Durch dieses äußere Zeichen seiner Nähe und seiner Berührung war für mich wieder alles in Ordnung zwischen uns.

Roland Ich war froh, dass sie mir sagte, woran sie Freude hätte. Männer und Frauen ticken nun mal unterschiedlich und haben nicht die gleichen Bedürfnisse.

Marianne Früher dachte ich: Wenn er es nicht merkt, was ich brauche, dann ist keine Liebe vorhanden. Wenn er mich lieben würde, dann würde er es doch merken.

Roland Das mit der Liebe ist ja so eine Sache. Wir bieten heute selbst auch Ehevorbereitungskurse an. Bei den Vorbereitungen dazu haben wir uns mit den fünf Sprachen der Liebe auseinandergesetzt.[3] Da stellte ich fest, dass Marianne vor allem dann meine Liebe spürt, wenn ich Zeit mit ihr verbringe und mit ihr rede. Diese Erkenntnis habe ich an einem unserer Hochzeitstage so umgesetzt, dass wir die Teufelsschlucht hochgewandert sind. An einer Stelle gibt es einen Felsvorsprung mit einem

[3] Gary Chapman. Die fünf Sprachen der Liebe. Franke

	Baumstamm am Boden. Dort packte ich eine Kerze und den Gaskocher aus. Wir kochten uns einen warmen Tee und redeten miteinander. Diese Zweisamkeit hat Marianne beflügelt!
Marianne	Roland spricht in seiner Liebessprache auf Sätze an wie zum Beispiel: «Was habe ich für einen guten Ehemann. Was er nicht alles kann!» Als zweite Liebessprache hat er auch noch Hilfsbereitschaft. Wenn ihm jemand hilft, freut ihn das.
D+D	Hat es ihm die Krankenschwester wohl deshalb angetan, weil sie ihm nach der Operation so lieb geholfen hatte?
Roland	Ja, das ist ganz gut möglich.
D+D	Wie gebt ihr sonst noch dem Tag die Chance, der beste eurer Ehe zu werden?
Roland	Ich stehe sehr früh auf, während Marianne noch weiterschläft. Bevor ich aus dem Haus gehe, schaue ich bei ihr vorbei und verabschiede mich.
Marianne	Wenn ich dann in die Küche komme, steht als Gruß von Roland das Frühstück für mich bereit. Auch sonst finde ich manchmal Hinweise von Roland an mich. Das kann zum Beispiel ein Schokoladenherz beim Frühstücksteller oder eine kleine Notiz auf dem Toilettenpapier sein. Roland kommt am Mittag nicht nach Hause, aber er ruft mich jeden Tag kurz an.
Roland	Vor zwei Jahren haben wir ein neues Ritual eingeführt. Wenn ich am Abend nach Hause komme, setzen wir uns vor dem Abendessen etwa eine halbe Stunde zusammen aufs Sofa. Wir erzählen uns von unserem Tag und was wir erlebt haben. Das hat sich bewährt.
D+D	Wir wünschen euch viele beste Ehetage. Vielen Dank für das Gespräch.

Starke Frau heiratet introvertierten Mann

Margot und Oskar Seydel

Es war Liebe auf den ersten Blick – und sie hat bereits 45 Jahre gehalten. Die Voraussetzungen waren jedoch nicht nur rosig. Die dominante Margot und der verwöhnte Oskar lernten sich in einer Radioarbeit im Tessin kennen. Ihre Eltern waren ihnen keine Vorbilder für die Ehe. Beide hatten schon früh einen Elternteil verloren. Auf vielen Reisen im Wohnmobil vertieften sie ihre Ehe und ihre Freundschaft.

Margot wurde 1935 in Zürich geboren. Sie hat zwei jüngere Brüder. Als sie zehn Jahre alt war, verstarb ihr Vater. Trotzdem sagt sie rückblickend: «Meine Jugend war glücklich, obwohl wir auf vieles verzichten mussten.» Sie machte eine KV-Lehre und ließ sich anschließend zur Arztsekretärin ausbilden. 1963 kündigte sie ihre Stelle im Krankenhaus und zog in die Sonnenstube der Schweiz, ins Tessin. Dort trat sie eine Stelle in einer Radio-Missionsarbeit an.

Margot Seydel (1935)
Oskar Seydel (1938)
Hochzeit: 1964
2 Kinder
8 Enkelkinder

Bevor Oskar geboren wurde, spielte sich auch in seiner Familie eine Tragödie ab. Oskars Eltern hatten bereits acht Kinder. Die Älteste hieß Ruth und war 17 Jahre alt. Als die Mutter wieder schwanger war, wurde sie schwer krank. Sie wusste, dass die Geburt über ihre Kräfte gehen würde. Gegen Ende der Schwangerschaft stand Ruth wie so oft am Krankenbett ihrer Mutter. Diese ergriff Ruths Hand und sagte: «Das Kind wird dein Kind sein. Sorge du für dieses Kind.» Vier Tage, nachdem Oskar geboren worden war, verstarb seine Mutter. Seine Schwester Ruth holte ihn vom Krankenhaus nach Hause. Trotzdem sagt er rückblickend: «Als Jüngster von neun Kindern wuchs ich sehr behütet, aber leider auch ziemlich unselbständig auf. Trotz Kriegszeit erlebte ich eine glückliche und aus meiner Sicht sorglose Jugendzeit.» Er lernte den Beruf des Gießers, ließ sich später aber im Betrieb seines Bruders zum Drucker ausbilden. Diese Druckerei gehörte zu einer Radio-Missionsarbeit im Tessin. Oskar war bereits ein Jahr dort, als Margot auftauchte.

Oskar — Ich wohnte bei einem meiner Brüder. Aber ich hatte nicht viele Kontakte. Daher war ich sehr gespannt, als ich hörte, dass eine neue Sekretärin zu uns kommen würde. Als sie zur Tür herein kam, fand ich auf Anhieb Gefallen an ihr!

Margot — Es war Liebe auf den ersten Blick, auch bei mir. Er hatte an diesem Tag Geburtstag und so habe ich ihm gratuliert. Das war unser erster persönlicher Kontakt. Ich trug damals lange Haare, das hat ihm wohl gefallen.

Oskar — So arbeiteten wir zusammen. Sie schrieb die Predigten aus den Radiosendungen ab und ich musste diese anschließend drucken. So hatten wir ab und zu Kontakt miteinander.

Margot — Zwangsläufig.

Oskar — Ich musste die Texte bei ihr abholen und durchlesen. Margot hatte eine moderne Schreibmaschine, die automatisch in Blocksatz schreiben konnte. Aber es war sehr kompliziert. Damit es klappte, musste sie alles zwei Mal abschreiben. Einmal, damit die Schreibmaschine sah, wie viele Buchstaben und Wörter vorkamen, und das zweite Mal die Reinschrift in Blocksatz. Das wurde ihr manchmal fast zuviel. Ich musste sie immer wieder aufheitern.

Margot — Nicht nur fast. Die Arbeit ging mir richtig auf die Nerven. Ich habe nicht eingesehen, warum man einen Text zweimal abschreiben sollte. Im Krankenhaus, wo ich zuvor gearbeitet hatte, hatten wir keine Zeit, die Tex-

	te zweimal zu tippen. Für mich war das ein völliger Quatsch. – Ich blieb nur ein halbes Jahr dort.
Oskar	Ich hatte damals ein Motorrad. So habe ich sie ab und zu eingeladen, mit mir auszufahren. Daraus wurde immer mehr. 1963 haben wir uns kennengelernt und 1964 haben wir geheiratet. Das ging ziemlich schnell, aber wir wussten einfach, dass wir zusammengehören. Margot war ja auch schon 27 und ich 25 Jahre alt.
D+D	Weshalb wusstet ihr, dass ihr zusammengehört?
Oskar	Das ist schwierig zu sagen. Bereits am ersten Tag haben wir es gesehen.
Margot	Ja, es war Liebe auf den ersten Blick.
D+D	Und das ist auch am zweiten und den weiteren Tagen so geblieben?
Margot	Ja.

D+D	Hattest du die Erwartung, im Tessin einen Mann zu finden?
Margot	Nein, ich hatte ganz andere Pläne. Ich wollte anschließend mit einer Freundin in Rom eine Bibelschule besuchen, um richtig gut Italienisch zu lernen. Aber dann ist Oskar dazwischen gekommen.
D+D	Liebe auf den ersten Blick hat aber auch seine Tücken. Auf den ersten Blick weiß man ja noch nicht, ob man auch wirklich zusammenpasst.
Margot	Aufgrund des gemeinsamen Arbeitsortes, wo christliche Predigten übers Radio ausgestrahlt wurden, wussten wir voneinander, dass wir die gleichen Glaubensüberzeugungen hatten. Das war schon mal klar.
D+D	Warum war das für dich wichtig?
Margot	Vor allem wegen der Kinder. Ich wünschte mir, dass ich meinen Kindern einen echten Glauben vorleben

konnte. Kinder merken schnell, ob der Glaube echt ist oder ob er mehrheitlich aus Traditionen besteht. Einen echten Glauben vorzuleben, ist aber nicht leicht, wenn die Eltern unterschiedlichen Glaubensrichtungen angehören. Wie muss das für die Kinder aussehen, wenn der Vater und die Mutter sich in den grundsätzlichen Dingen des Glaubens nicht einig sind? Ich hatte vor Oskar einen Freund, der einer andern Glaubensrichtung angehörte. Wir hofften beide, trotz der Unterschiede eine Lösung finden zu können. Aber für mich kam es nicht in Frage, dass ich bei der Hochzeit versprach, meine Kinder in seiner Glaubensrichtung zu erziehen. Ich hörte auf meine innere Stimme. Ich wusste ganz genau: Diesen Mann kann ich nicht heiraten. So habe ich ihn schweren Herzens aufgegeben. Aber dafür bekam ich zwei Jahre später Oskar!

Oskar Wenn man in so wesentlichen Dingen keine Gemeinsamkeit hat, dann fehlt einfach etwas. Andere haben vielleicht ihren Kegelclub als Gemeinsamkeit. Wir haben unseren Glauben, den wir teilen können. Obwohl ... mein Vater hat mich seit meiner Geburt in eine Freikirche mitgenommen. Dort habe ich den Glauben an Jesus kennengelernt. Aber mit etwa 20 Jahren habe ich mich nicht sonderlich für diese Dinge interessiert. Als ich zu meinem Bruder in die Radiomissionsarbeit kam, sagte ich zu ihm: «Ich komme einfach, um zu arbeiten, aber mit dem andern müsst ihr mich in Ruhe lassen.» Der Glaube hatte mir damals nicht viel gesagt. Jedoch hat sich das während der Bekanntschaft mit Margot geändert, so dass wir bei unserer Hochzeit sagen konnten, wir machen das mit Gott.

Margot Wir wussten, dass Gott uns zusammen geführt hat.

D+D Wie habt ihr das gewusst?

Margot Wir haben einfach angenommen, dass es Gott war. Wir

haben kein Zeichen vom Himmel erhalten. Aber wegen den Umständen, wie wir uns kennen gelernt haben, und weil wir uns liebten, gingen wir davon aus, dass Gott das war. Oskar wurde ein halbes Jahr zuvor von seiner damaligen Freundin sitzen gelassen. Deshalb war er in einem Vakuum. Als wir uns dann kennenlernten, war schnell klar, dass wir zusammengehören.

Oskar — (Er lächelt verschmitzt) Wir haben in der Radiomission für einen miserablen Lohn gearbeitet. Aber ich habe dort Margot bekommen. So wurde ich mehr als entlohnt. Wir sehen uns noch heute als gegenseitiges Geschenk an.

Weil wir so wenig verdient hatten, legten wir schon damals bei verschiedenen Gelegenheiten unsere Kassen zusammen. Zum Beispiel wenn wir gemeinsam ausgingen oder einen Ausflug machten. Als wir geheiratet haben, war für uns klar: Es gibt nicht dein Konto, mein Konto, das Haushaltskonto und Taschengeld. Wir haben einfach eine **gemeinsame Kasse** und das hat bis heute funktioniert! Damit war schon ein großes Problem mit *Dein* und *Mein* gelöst.

D+D — War das damals nicht üblich?

Oskar — Nein. Die meisten meiner verheirateten Freunde hatten ihre eigene Kasse und ihr eigenes Taschengeld.

Margot — Gut, eigenes Taschengeld hatten wir auch einmal.

Oskar — Ja, wir haben das eine Weile ausprobiert. Aber es ging nie auf.

Margot — Genau. Der eine hatte schon frühzeitig keins mehr und der andere hatte noch gar nichts gebraucht.

Oskar — Ich sagte einmal zu Margot, ich wolle auch Taschengeld wie die andern. Also haben wir es eingeführt. Aber am 25. des Monats war ihr Geld ausgegangen und sie fragte mich: «Hast du noch was übrig?» Und ich: «Ja, ich habe ja nichts gebraucht.» Ich ging nie alleine aus. Mir wäre es nie in den Sinn gekommen, nach Feierabend noch in ein Wirtshaus zu gehen. Aber meine Arbeitskollegen gingen nie nach Hause, bevor sie sich nicht noch ein Bier genehmigt hatten. Dafür benötigten sie Geld. Weil ich aber nach Hause zu meiner Familie ging, brauchte ich mein Taschengeld nie. So haben wir halt unser Geld wieder zusammengelegt.

D+D **Ihr habt beide eine Gemeinsamkeit aus der Kindheit mitgebracht. Ihr habt beide früh einen Elternteil verloren. Konntet ihr euch da gegenseitig helfen und einander gut verstehen?**

Margot Ich glaube nicht.

Oskar Aus meiner Sicht kann ich sagen: Ich habe meine Mutter nie wirklich vermisst. Ich hatte sie ja gar nie gekannt. Meine Schwester hat mich aus dem Krankenhaus nach Hause gebracht und großgezogen. Das war die Familie, die ich kannte. Im Gegenteil, ich hörte manchmal von den älteren Geschwistern, dass die Mutter eine ganz strenge Frau nach alter Vätersitte gewesen sei. Ich war als Jüngster der Liebling des Vaters. Er sagte immer wieder zu den andern: «Lasst meinen Bub in Ruhe! Lasst meinen Bub in Ruhe!» Niemand durfte mir etwas tun. Ich bin also problemlos aufgewachsen. Meine älteste Schwester hat sich immer als meine Mutter gefühlt. Und auch jetzt im Alter: Sie spricht immer von mir als ihrem Sohn.

Margot Unsere Kinder hat sie als ihre Enkelkinder angesehen, obwohl sie eigentlich ihr Neffe und ihre Nichte sind.

D+D **Wie passt ihr beiden zusammen?**

Oskar Wir ergänzen uns gut. Aber wir sind nicht gleich.

Margot — Nein, überhaupt nicht (lacht)! Ich rede sehr viel und bin temperamentvoll. Er hingegen war sehr ruhig. Im Laufe unserer Ehe hat er sich entwickelt. Wie er jetzt diese Geschichten erzählt, das hätte er früher nicht getan.

Oskar — Damals hat eigentlich nur sie geredet.

Margot — Er merkte aber, dass er gut bei den Leuten ankommt. Das gab ihm die nötige Bestätigung.

Oskar — Kürzlich erlebten wir ein Beispiel davon, wie wir uns ergänzen. Da wir gerne und oft in die nordischen Länder in die Ferien fahren, haben wir beide mit unseren 70 Jahren noch Norwegisch gelernt. Im Kurs haben wir uns gut ergänzt: Ich konnte besser Sätze bilden und sie war besser in der Grammatik. Oder ich weiß die Wörter und sie kann etwas damit anfangen. Wir stellten in unserer Ehe fest, dass wir immer zusammenbleiben müssen, weil wir einander gegenseitig ergänzen. Zusammen sind wir stark.

Margot — Es gibt schon etwas, wo wir nicht optimal zusammenpassen. Als Älteste unserer Familie musste ich meine Mutter in der Erziehung meiner jüngeren Brüder unterstützen. Dadurch bin ich wohl etwas dominant geworden. Oskar wuchs hingegen als Jüngster von neun Kindern auf. Er hatte es schwer, seine eigene Persönlichkeit zu finden. Dieser Unterschied hätte in unserer Ehe zu einem Desaster führen können.

D+D — Anscheinend hat es das nicht, ihr seid jetzt 45 Jahre verheiratet. Was habt ihr getan, dass es nicht so weit gekommen ist?

Margot — Mir war bewusst, dass ich dominant bin. Deshalb habe ich versucht, Oskar in allem, was er tat, zu unterstützen und zu fördern. Zum Beispiel wollte er einmal eine elektronische Orgel bauen. Dazu konnte man Bausätze kaufen, die Orgel zusammenbauen und sie dann ver-

	kaufen. Ich sagte zu ihm: «Das ist gut, mach das!» Wenn ich aber gesagt hätte: «Du kannst das doch nicht.» Dann hätte er es nicht angepackt. In vielen Dingen habe ich ihn so unterstützt. Dadurch hat er einiges erreicht.
Oskar	Das stimmt. Ich habe drei Orgeln zusammengebaut. Eine habe ich noch, die andern beiden haben wir verkauft.
D+D	Wie hast du, Margot, es fertig gebracht, deine Dominanz zurückzunehmen und Oskar zu unterstützen?
Margot	Ich habe ihn einfach gern gehabt und ich wollte, dass es ihm gut geht. Das ist eine Einstellungssache. Ich hatte vor Oskar bereits einen Freund. Ich weiß, dass ich auch mit ihm glücklich geworden wäre. Ich hätte auch ihn unterstützt und das, was ich für Oskar tat, hätte ich auch für ihn gemacht. Es geht um die Einstellung, den anderen glücklich machen zu wollen.
D+D	Woher hattest du diese Einstellung?
Margot	Ich weiß es nicht. Ich merkte wohl einfach, dass ich selbst am glücklichsten werde, wenn ich meinen Mann unterstütze und glücklich mache.
Oskar	In unserer Jugendzeit kannte man in unserem Umfeld noch keine Scheidungen. Das gab es nicht. Man konnte es sich gar nicht vorstellen. Diese Grundhaltung haben wir übernommen. Es war für uns klar, dass wenn wir vor dem Traualtar sagen, dass Gott uns zusammengeführt hat und wir die Ehe im Namen Gottes schließen, dann bleiben wir auch zusammen. Das wurde uns so mitgegeben: Wenn man heiratet, dann ist man verheiratet und man bleibt zusammen. Man sagt ja auch: «In guten und in schlechten Tagen.» Also auch wenn man Probleme miteinander hat, bleibt man zusammen. Man sagt nicht: «Jetzt bist du mir verleidet.» Von dieser Grundhaltung hat unsere Ehe sicher profitiert. Im Laufe unserer Ehejahre hat sich

aber unsere Gesellschaft verändert. Wir haben einige Hochzeiten besucht, die mit viel Pomp und Kerzen gefeiert wurden, aber diese Ehepaare ließen sich wieder scheiden. Ich erinnere mich, dass ich es bereits als Bub nicht verstehen konnte, wenn sich jemand scheiden ließ. Das beschäftigte mich sehr. Ich dachte: «Hey, nun haben die doch einander geheiratet, warum gehen die wieder auseinander?» Damals habe ich mir gesagt: «Wenn ich einmal eine Frau habe, dann will ich mit ihr zusammenbleiben. Ich will alles daran setzen, dass es ihr bei mir gefällt!» Irgendwie konnten wir das in unserer Ehe umsetzen.

Margot Es kam uns nie in den Sinn, uns zu trennen. Auch damals nicht, als wir eine Krise hatten. Als die Kinder ausgeflogen waren, wussten wir zuerst nicht mehr, was mit uns alleine anfangen. Die Ehe wurde langweilig. Aber wir haben in dieser Zeit nicht einmal daran gedacht, uns deswegen zu trennen. Wir wollten diese Krise gemeinsam meistern!

Oskar Wir haben einander immer wieder eine gewisse **Freiheit gelassen.** Eines meiner Hobbys ist Fahrrad fahren. Es ist nicht selbstverständlich, dass Margot mich da so oft gehen ließ. Ich war manchmal mehrere Tage unterwegs und sie war alleine zu Hause. Einmal fuhr ich von Mallorca mit dem Fahrrad bis nach Hause in die Schweiz. Das dauerte etwa zwei Wochen. Als unser Sohn 20 Jahre alt war, fuhren wir beide mit dem Fahrrad ans Nordkap. Wir waren vier Wochen unterwegs. Auch da hat sie mich darin unterstützt und gehen lassen. – Einander Freiheiten zu geben, damit sind wir sehr gut gefahren. Man muss nicht andauernd aneinander kleben. Margot hat ab und zu in Camps als Köchin mitgemacht. Daran hatte sie viel Spaß. Damals habe ich noch gearbeitet und in dieser Woche den

Haushalt gemacht.

D+D Entspricht das eurem Charakter oder habt ihr euch dazu überwinden müssen, einander diese Freiheiten zu geben?

Oskar Das hat sich einfach so ergeben.

Margot Wir sind beide vom Typ her nicht eifersüchtig. Auch bei unseren Freunden ist das so. Wir haben nicht das Bedürfnis, an ihnen zu kleben.

D+D Hattet ihr denn nicht Sehnsucht nacheinander, wenn ihr so lange getrennt ward?

Oskar Wir haben meistens täglich miteinander telefoniert. Oder als ich mit unserem Sohn am Nordkap war, da sandte ich ihr ungefähr jeden zweiten Tag einen Brief. Ich schrieb ihr unsere Erlebnisse. Sie freute sich immer, wenn ein Brief von mir im Briefkasten war. Alle diese Briefe habe ich nach der Reise zu einem Tagebuch zusammengebunden. Manchmal nehmen wir das wieder hervor und lesen darin.

Margot Besonders seit unsere Kinder verheiratet sind, merken wir immer mehr, dass wir nicht alles gemeinsam machen müssen. Wir hätten uns ja nichts mehr zu erzählen. Oskar ist nicht sonderlich der Typ, der viel mitteilt. Aber wenn er alleine etwas erlebt hat, dann erzählt er gerne. Ich brauche es, dass Oskar mir etwas erzählt. Dadurch spüre ich, wie es ihm geht.

Oskar Das ist unser Ehemotto: «Wir vertrauen einander und engen uns nicht gegenseitig ein.»

D+D Woher habt ihr dieses Vertrauen? Oder war das schon von Anfang an da?

Oskar Eigentlich schon.

Margot Ja, ich habe Oskar immer vertraut und er mir anscheinend auch. Das nicht nur in Bezug auf eine andere Frau, sondern auch wenn ich ihm etwas erzählt habe, dann wusste ich: Das bleibt bei ihm! Da wir beide in der gleichen Glaubensrichtung erzogen wurden, wussten wir voneinander, welch hohen Stellenwert die beiden Werte *Treue* und *Vertrauen* haben.

D+D Hat dieses Vertrauen bei euch mit dem Glauben zu tun oder damit, dass der andere sich als zuverlässig erwiesen hat?

Margot Vermutlich beides.

Oskar Ich denke schon, dass es auch aus dem Glauben an Gott herauskommt. Aber nicht dass wir gesagt hätten, weil wir beide an Gott glauben, vertrauen wir einander. Das Vertrauen hat sich entwickelt.

D+D Was hätte dieses Vertrauen erschüttern können?

Margot Natürlich wenn jemand fremdgegangen wäre, also Ehebruch. Aber auch wenn ich gemerkt hätte, dass er eine meiner Schwächen in seinem Freundeskreis erzählt hätte. Und sonst? Darüber haben wir noch gar nie bewusst nachgedacht. Das Vertrauen war einfach da.

Oskar **Wir sind nicht nur Eheleute, wir sind auch Freunde.**

D+D War das schon immer so?

Margot Ja. Ein Pfarrer sagte einmal an einer Trauung, die wir besuchten, dass Eheleute auch Freunde sein müssen. Später beim Apéro haben wir zueinander gesagt, dass wir das sind. Wir sind Freunde.

D+D Wie habt ihr das gemacht?

Margot Das ist auch einfach entstanden, wie das Vertrauen. Es ist schwierig abzugrenzen, wo die Ehe aufhört und die Freundschaft beginnt. Sicher passen wir gut zusammen, so dass wir es leichter hatten, auch Freunde zu sein. Das ist nämlich nicht selbstverständlich.

D+D Habt ihr viele gemeinsame Interessen?

Oskar Das haben wir, ja. Wir reisen beide sehr gerne. Wir hören beide gerne klassische Musik. Beinahe seit wir uns kennen, haben wir zusammen im Kirchenchor gesungen. Das verbindet. Für unsere Freundschaft war gerade auch das Singen zusammen mit vielen andern Menschen förderlich. Wir hatten auch immer ein offenes Haus. Oft brachten unsere Kinder ihre Freunde am Sonntagnachmittag mit nach Hause. Nach dem Gottesdienst hieß es bei den Jungen: «Was machen wir heute Nachmittag? Kommt, wir gehen zu Seydels.» Das hat auch unserer Ehe gut getan, weil mit diesen Jungen einiges los war. Wir lachten viel und machten Spiele. Das hat unser Leben und damit auch unsere Ehe bereichert. Uns war es dadurch nie langweilig.

Margot Nachdem die Jungen ausgeflogen waren, machte sich in unserer Ehe eine gewisse Langeweile breit. Damit hatte ich Mühe und auch unsere Ehe hat darunter gelitten. Wir hatten keine Aufgaben mehr. Beide Kinder waren verheiratet und Enkel hatten wir noch keine. Das war unsere Ehekrise.

D+D Wie habt ihr diese Krise überwunden?

Oskar Wir haben unsere Freude am Reisen neu entdeckt. Mit dem Wohnmobil unternahmen wir ausgedehnte Reisen.

D+D Habt ihr diese Reisen bewusst gemacht, um eure Ehe wieder zu beleben?

Oskar Nein, wir sind nie hingesessen und haben gesagt, jetzt müssen wir etwas tun. Der Same dieser Reisen wurde schon gesät, als die Kinder noch bei uns wohnten. Wir fuhren damals mit einem umgebauten VW-Bus von Sehenswürdigkeit zu Sehenswürdigkeit. Das Reisen konnten wir anschließend einfach noch intensivieren. Als ich pensioniert wurde, fuhren wir zehn Wochen durch Norwegen. Darauf hatte ich mich unheimlich gefreut: «Jetzt müssen wir einmal nicht zu einem bestimmten Termin wieder zu Hause sein.» Wir sind aber auch sehr gerne wieder nach Hause gekommen.

Margot Ja, da hatten wir schon Enkelkinder.

Oskar Genau, du hattest Sehnsucht nach den Enkelkindern (beide lachen). Jedoch kam das Fernweh schnell wieder auf. Sobald das Wohnmobil gereinigt war, sagten wir zueinander: «Jetzt könnten wir wieder losfahren.»

D+D Was macht ihr heute, um eure Freundschaft zu pflegen?

Oskar Wir machen oft Spiele miteinander. Gerade, wenn wir mit dem Wohnmobil unterwegs sind, spielen wir am Abend. Oder wir tun sonst etwas zusammen. Als ich die Orgeln zusammengebaut habe, half Margot, die Kabel zu verlegen.

Margot Als wir noch näher bei der Stadt wohnten, besuchten wir oft die Oper. Das sind gemeinsame Unternehmungen. Aber die Freundschaft geht noch tiefer. Ich habe Oskar auch nach 45 Jahren Ehe immer noch sehr gern und ich will, dass es ihm gut geht. Ich denke, dass es ihm genauso geht. Jedenfalls schaut er immer, dass es mir gut geht. Das ist ein wichtiger Faktor dafür, dass die Liebe bleibt. Wir tun einander so viel wie möglich zuliebe.

D+D Also geht es nicht von alleine?

Margot Nein, nein! Ich musste zum Beispiel lernen, den Mund zu halten. Ich wollte immer alles ausdiskutieren. Ich konnte keine Meinungsverschiedenheit zwischen uns ertragen. Oskar meinte jedoch: «Das bringt doch nichts. Du hast diese Ansicht und ich jene. Fertig.» So musste ich lernen abzuschätzen, wann es nicht sinnvoll ist, zu diskutieren. Und heute kann ich das besser.

Oskar	Ja, das ist so.
D+D	Wie merkst du, Margot, wenn es Zeit ist, den Mund zu halten?
Margot	Es ist von Situation zu Situation verschieden. Manchmal sehe ich es ihm an. Manchmal ist es die Art, wie er reagiert, dann weiß ich es. Wir haben die üblichen kleineren oder größeren Reibereien. Aber wir haben uns nie schlimme Wörter an den Kopf geworfen. Aber die kleinen Dinge nerven manchmal am meisten. Man sagt ja: «Es sind die kleinen Füchse, die den Weinberg verderben.»
D+D	Was sind das bei euch für Kleinigkeiten?
Margot	(mit Nachdruck) Ich kann es heute noch überhaupt nicht leiden, wenn Oskar seine Jacke nicht am Bügel aufhängt. Es ist zwar etwas Kleines. Aber es platzt dann aus mir heraus: «Schatz, der Bügel hängt doch gleich daneben. Kannst du sie nicht von Anfang an dort aufhängen?» Oder ihn nervt es, wenn ich die Zahnpastatube nicht zumache.
Oskar	Oder im Auto. Als wir zu Beginn zusammen im Auto unterwegs waren, da habe ich mich oft geärgert. Sie hat mir andauernd drein geredet. «Achtung, siehst du dort den Fußgänger! Siehst du die Straßenbahn?!» – «Ja, ich sehe es. Ich habe Rückspiegel. Ich habe gelernt, Auto zu fahren. Ich weiß, dass ich schauen muss. Wenn du nicht im Auto sitzt, sagt es mir ja auch niemand.» Das hat sich mit der Zeit beruhigt, aber zu Beginn unserer Ehe musste ich schon oft leer schlucken.
Margot	Ja, sonst hätten wir immer Krach gehabt. Ich konnte einfach nicht aufhören. Es war ein Reflex. Sobald ich etwas gesehen hatte, musste ich es sagen.
Oskar	Ich musste lernen, zu verstehen, dass sie es nicht absichtlich macht.

Margot Ich sagte es ja jeweils auch nicht, um dich zu ärgern. Ich fahre nicht gerne als Beifahrer im Auto mit. Das klingt vielleicht wie ein Widerspruch zu unserer Reiselust mit dem Wohnmobil. Aber Camper fahren ist nicht das gleiche wie Auto fahren. Man sitzt viel weiter oben und hat eine gute Übersicht. Aber mit dem Auto unterwegs zu sein, das war mir immer ein Horror.

D+D Was habt ihr gemacht, damit es nicht jedes Mal dicke Luft gab?

Margot Oskar hat mich einmal angepfiffen: «Hör bitte auf damit!» Nicht böse, aber er hat mir zu verstehen gegeben, dass ihn das sehr nervt. So habe ich versucht, mich zurückzuhalten.

Oskar Ja, sie hat sich mit der Zeit beruhigt. Sie realisierte, dass sie mir wirklich nicht alle Hindernisse sagen muss.

Margot Da ich wollte, dass es Oskar mit mir gefällt, habe ich mir Mühe gegeben.

D+D **Margot hat gesagt, dass sie dich, Oskar, immer noch liebt. Ist das bei dir auch so?**

Oskar Ja, sicher. Ich habe sie sehr gern.

D+D Woran liegt es, dass eure Liebe so lange gehalten hat?

Oskar Ich würde sagen, dass es an der Einstellung liegt und auch ...

Margot Also du tust mir so viel zuliebe. Und ich würde sagen, ich dir auch.

Oskar Ja.

Margot Er hilft mir, die Fenster zu putzen. Er hilft mir im Haushalt, weil ich wegen des Rückens nicht mehr so viel tun kann. Er kocht immer wieder.

Oskar Ich denke, es ist ein Geben und Nehmen. Uns ist bewusst, dass wir nun schon so lange verheiratet sind, dass wir jetzt nicht einfach den Löffel hinschmeißen wollen. Wir müssen also – verkürzt gesagt – zusammenbleiben.

Margot Und deshalb machen wir es uns so schön wie möglich.

D+D War das mit der Liebe immer so oder gab es Höhen und Tiefen?

Oskar Es gab eigentlich keine Höhen und Tiefen. Ich würde eher sagen, dass es Wellen gab.

Margot Da und dort mal eine kleine Krise. Wir haben uns zum Beispiel gegenseitig genervt und dann ging es zwei, drei Tage etwas gedämpfter zu.

Oskar Irgendwie kommt man wieder zueinander zurück. – Ich habe die Neigung, dass ich, wenn ich erbost bin, zwei oder drei Tage nichts mehr sage.

Margot Ja, und du findest den Rückweg selten bis nie! Ich musste immer auf dich zukommen.

Oskar Ja, das stimmt. Ich habe Mühe, den ersten Schritt zu machen.

Margot Ich tue ihm das zuliebe, weil ich weiß, dass er es nicht kann. Auch wenn ich überzeugt bin, dass er im Unrecht war und den ersten Schritt tun sollte. Aber es hat doch keinen Wert, noch mehr Zeit verstreichen zu lassen. Zwei, drei Tage nichts miteinander zu sprechen ist lang genug. Wir sprechen schon miteinander, aber wir tauschen nur Informationen aus. Wir teilen unser Inneres nicht mit.

D+D Wie machst du den ersten Schritt?

Margot Nun, ich gehe zu ihm hin und gebe ihm einen Kuss.

D+D Musst du dich für ein solches Zeichen der Versöhnung überwinden?

Margot Hin und wieder schon. Vor allem wenn ich das Gefühl hatte, er sei im Unrecht. Aber du wusstest ja, dass sie schon irgendwann kommen würde.

Oskar	(lacht) Ich musste jeweils einsehen, dass man doch nicht für immer ein saures Gesicht aufsetzen kann. Irgendwann muss man wieder normal werden. Wir wollen ja zusammen leben, aber dazu ist ein saures Gesicht nicht förderlich. Wir wollen es ja wieder gut haben und auch wieder zusammen auf Reisen gehen. Da bringt es überhaupt nichts, wenn man bereits mit einem sauren Gesicht ins Wohnmobil einsteigt (beide lachen).
Margot	Es kommt ja nicht oft vor.

D+D	Was könnt ihr uns noch mit auf den Weg geben?
Oskar	Ohne dass wir etwas tun, reiht sich Stunde an Stunde, Tag an Tag und Jahr an Jahr. Wir dürfen Gott danken, dass er unsere Gesundheit und uns die Freude am Leben erhalten hat. Man soll immer den Augenblick und das Heute genießen, denn keiner weiß, ob er morgen noch lebt.
Margot	Tut euch zuliebe, was ihr könnt und erwartet nichts dafür.
D+D	Vielen Dank für das Gespräch!

Eine passende Frau für den Südamerikaner

Daniela und Manuel Koch

Manuel wuchs in Südamerika auf. Er liebt die lebendige und herzliche Art seiner Landsleute. Seine zukünftige Frau sollte auch so sein. Aber als Sohn von deutschen Auswanderern schätzte er ebenso die seriöse Tiefgründigkeit seiner Vorfahren. Auch diese Eigenschaft müsste seine Ehefrau mitbringen. Zu ihm passte also keine typische Südamerikanerin, aber auch keine typische Norddeutsche. In der Schweiz fand Manuel in einer Studentenmitarbeiterin die ideale Mischung. Aber die Ablösung von den Eltern ist in Südamerika für die Söhne keine Selbstverständlichkeit. Manuel und Daniela lernten es aber Schritt für Schritt.

Manuel Koch wuchs als Sohn von deutschen Auswanderern in Südamerika auf. Mit 29 flog er für ein Nachdiplomstudium in die Schweiz. Da er im Grundstudium durch eine christliche Studentenarbeit den Glauben an Gott gefunden hatte, schaute er sich auch in Zürich die entsprechenden Angebote an. Es waren drei verschiedene Anbieter an der Infotafel angeschlagen. Manuel wählte danach aus, welche Termine am besten in seinen Studienplan passten. Er besuchte von da an die Gottesdienste am Mittwochabend.

Daniela Koch (1959)
Manuel Koch (1960)
Hochzeit: 1991
3 Kinder

Daniela hatte ihren Zugang zu Gott ebenfalls in einer christlichen Studentenarbeit gefunden. Inzwischen war sie 29 Jahre alt und arbeitete selbst bei einer mit. Dort trafen sich Daniela und Manuel zum ersten Mal. Als Manuel die Schweizerin kennenlernte, fiel ihm ihr Charakter auf. Er begann, aktiv bei der Studentenarbeit mitzumachen. Da Daniela in der Leitung war, musste sie ihm manchmal sagen, wenn etwas anders sein sollte. Wie Daniela das tat, beeindruckte ihn. Er dachte: «Eine Frau, die so ist wie sie, könnte ich mir als Ehefrau vorstellen.» Er dachte dabei aber nicht, dass es Daniela selbst sein würde. Für ihn war klar, dass er zurück nach Südamerika wollte und Daniela in der Schweiz verwurzelt war.

Daniela war einige Jahre älter als die meisten Studenten. Da Manuel im Nachdiplomstudium war, war auch er älter als die anderen. Irgendwann verliebte sich Daniela in Manuel. Kurz darauf war sie mit vielen Studenten zu Manuels Geburtstagsparty eingeladen. Sie erinnert sich, wie verwirrt sie dort über ihre Gefühle war: «Ich sah nicht, dass unsere Puzzle-Teile zusammenpassen könnten. Unsere Lebensentwürfe unterschieden sich sehr. Schließlich war ich auch nicht mehr 20 Jahre alt, wo man sich ohne weitere Gedanken in jemanden verliebt. Daher bat ich Gott, mir diese Gefühle wegzunehmen – aber sie blieben.» Dem nächsten Fest blieb Daniela fern. Sie wollte sich diesen Gefühlen Manuel gegenüber nicht mehr aussetzen. Sie vertrat bisher die Auffassung, dass sie an der Universität Mitarbeiterin sei und deshalb Distanz zu den Studenten halten würde. Aus diesem Grund verwirrten sie die Gefühle für Manuel umso mehr. Sie hatte sie nicht erwartet, sie war überrascht von ihnen. Gleichzeitig warnte sie sich selbst: «Achtung, das sind nur Gefühle. Auf die kannst du nicht bauen.» Heute ist sich Daniela sicher, dass das nicht nur einfach Gefühle waren. Sie empfindet es so, dass Gott selbst ihr diese Liebe für Manuel ins Herz gelegt hatte: «Auch später, als wir geheiratet hatten, blieb diese Liebe da. Auch wenn ich vom Verstand her mal dachte: ‹Dieser Dickkopf› oder ähnliches, war doch immer diese Liebe vorhanden. Es hilft mir sehr, in den Spannungen des Alltags zu wissen, dass diese Liebe von Gott kam und kommt. Denn seine Liebe ist stärker als meine eigene. Das macht mich dankbar.» Sie zog sich zurück und fastete eine Woche lang. Dabei bat sie Gott um eine klare Antwort, ob sie ihren Lebensentwurf auf Manuel anpassen sollte. Sie erinnert sich: «Gott antwortete nicht so, wie ich es erwartet hatte, nämlich mit einem ‹Ja› oder ‹Nein›. Aber nach dieser Woche spürte ich eine gewisse Ruhe in mir. Vieles blieb noch unklar, aber ich war dabei nicht mehr unruhig. Ich ahnte nun, dass dies mein Weg war.»

Manuel hingegen konzentrierte sich auf sein Studium. Er war in die Schweiz gekommen, um zu studieren, er war nicht auf Brautschau. Manuel fasst den Werdegang seiner Gefühle so zusammen: «Ich habe zuerst gelernt, Daniela zu achten. Liebesgefühle kamen erst später.» Bevor Manuel wieder nach Südamerika heimkehrte, trafen sie sich nebst vielen gemeinsamen Aktionen in der Studentenarbeit ein paar Mal zum Frühstück und zu Spaziergängen. Schließlich reiste er nach 15 Monaten wieder ab und sie hatte ihre Aufgaben in der Schweiz.

Manuel Es war für uns ein Privileg, einander kennen gelernt zu haben. Wir versprachen uns, einander zu schreiben. Aber an eine Hochzeit oder ähnliches haben wir nicht gedacht. Ich reiste ab und war sehr erstaunt, dass ich eine Frau kennen gelernt hatte. Damit hatte ich gar nicht gerechnet, als ich in die Schweiz kam. Schließlich lebte ich damals in der südamerikanischen Kultur und ich liebte ihre Lebendigkeit, Fröhlichkeit und Herzlichkeit. Da war ich zu Hause. Ich kannte von früher auch einige norddeutsche Frauen, die ruhig und nüchtern waren. Eine solche Ehefrau konnte ich mir nicht vorstellen. Aber andererseits konnte es auch keine reine Südamerikanerin sein. Ihnen fehlte ein gewisser Tiefgang, den ich von meiner Abstammung aus Deutschland und der Schweiz kannte. Ich hatte also ein Dilemma und wusste nicht, wo ich je eine Frau finden würde. Daher war ich überrascht, als ich eine lebendige, fröhliche und herzliche Schweizerin mit Tiefgang kennen lernte.

Daniela Ich war mit einer Familie befreundet, die oft in Afrika war. Sie sagten mir immer wieder, ich wäre auch jemand, der gut nach Afrika passen würde, ob ich mir nicht eine Arbeit dort vorstellen könnte. Aber ich sagte ihnen jedes Mal: «Nein, das ist nichts für mich. Ich mag keine Spinnen und erst recht nicht die Insekten, die es dort gibt.» Das wäre für mich wirklich ein Problem gewesen. Als meine Gefühle für Manuel begannen, schlug ich als erstes das Lexikon auf und schaute nach, welche Tiere in diesem Land verbreitet sind. Ich las, dass es keine gefährlichen Tiere oder große Insekten gibt. Da war ich beruhigt.

D+D Hast du damals gedacht, dass Manuel auch in dich verliebt ist?

Daniela Er hat Andeutungen gemacht, aber selbst noch nicht gewusst, was er will.

Manuel Wir Südamerikaner sind es nicht gewohnt, vorauszuplanen. Ich staune immer wieder über die Europäer: Wenn sie einen Schritt machen, wissen sie immer auch schon die nächsten Schritte. Wir Südamerikaner machen einfach einen Schritt nach dem andern. So machte ich auch ihr gegenüber Schritte, ohne bereits über die weitere Zukunft nachzudenken. Mir war nicht bewusst, dass das zielgerichtet verstanden werden konnte.

Daniela Er klebte einmal in meinem Büro Witze an die Decke. Manchmal ertappte ich mich dabei, dass ich verträumt nach oben schaute, anstatt zu arbeiten. Wir frühstückten einige Male zusammen und merkten, dass wir einander gerne haben. Aber Manuel musste zurück nach Südamerika. Er war dort in einem Familienunternehmen eingebunden. Ich war hier in der Schweiz verwurzelt und hatte einen Job, der mir gefiel. Daher war das Ganze eine Stufe zu hoch für uns. Wir wussten nicht, wie es weitergehen sollte.

Manuel Auf meiner Seite war es eine klare und tiefe Wertschätzung.

Daniela Wir ließen es also vorerst einfach stehen. Manuel reiste ab und wir begannen einen Briefkontakt. Klärung kam erst, als ich etwa neun Monate später nach Südamerika reiste.

Manuel Dann wurde mir heiß und kalt! In einem Umschlag aus der Schweiz war auf einmal kein Brief, sondern eine Audiokassette. Sie hatte anscheinend so viel zu erzählen, dass es nicht mehr in einem Brief Platz gefunden hatte. Auf dieser Kassette sagte sie, dass sie Südamerika besuchen möchte. Da wusste ich, dass ich mich nun entscheiden musste.

Daniela Ich erhielt von Manuel viele wundervolle Briefe mit Liebesbezeugungen. Ich sagte zu meiner Freundin: «Wenn er plötzlich wieder da steht oder sogar um meine Hand anhält, dann muss ich doch zuerst wissen, wie es in Südamerika so ist. Ich muss doch zuerst seine Familie kennen lernen. Ich muss wissen, worauf ich mich einlasse.» Ich bat sie, mit mir dorthin zu reisen und mir ihre Eindrücke vom Land, der Kultur, aber auch von seiner Familie mitzuteilen. Ich hatte Angst, schon zu stark den Kopf verloren zu haben und alles nur noch rosarot zu sehen.

Manuel Dann kamen die beiden zu Besuch. Ich habe meinen Bruder zu Hilfe geholt. Alleine mit den beiden Damen durch das Land zu reisen, war mir nicht geheuer. Ich wollte, dass es eine saubere Sache war.

Daniela Einige Strecken reiste auch deine Mutter mit.

Manuel Am Schluss dieser Reise haben wir uns verlobt. Wir sagten es zwar noch niemandem, aber wir legten damals bereits das Hochzeitsdatum fest. Wir wollten mit der offiziellen Verlobung warten, bis ich nochmals in die Schweiz kommen und ihre beide Eltern kennen lernen konnte.

Daniela Wir sahen auch da noch nicht, wie alles funktionieren sollte, aber wir wussten, dass es der richtige Weg war.

Manuel Wir stellten fest, dass wir in vielen Dingen ähnlich dachten. Ich wünschte mir, einmal viele Kinder haben zu können. In Südamerika ist das nicht ungewöhnlich. Es ist üblich, Haushaltshilfen zu haben. Aber ich getraute mich nicht, es Daniela zu sagen. Schließlich war sie eine europäische Frau. Wir hörten in Südamerika viel über die Emanzipation der Frauen in Europa. Ich dachte, dass wenn ich ihr sage, dass ich viele Kinder haben möchte, sie mir gleich den Laufpass geben würde. Wir saßen auf dem Sofa, als wir das erste Mal auf Kinder zu sprechen kamen. Ich begann unten und fragte vorsichtig: Was meinst du zu drei Kindern oder … vielleicht vier?

Daniela Er war wirklich ganz vorsichtig.

Manuel Dann sagte sie: «Ich habe von zwölf geträumt.» Als ich das hörte, fiel ich beinahe vom Sofa.

Daniela Ich hatte das Buch *Im Dutzend billiger* gelesen. Ich fand das eine schöne Vorstellung.

Manuel Das ist ein kleines Beispiel davon, wie wir immer mehr feststellten, dass wir wirklich zueinander passen. Heute haben wir allerdings nur drei Kinder und haben unsere Freude daran.

Im Herbst besuchte Daniela wie gesagt Südamerika. Im Frühling reiste ich wieder in die Schweiz, wo wir uns offiziell verlobten und im Herbst des gleichen Jahres heirateten wir in Zürich.

Daniela Dann zog ich für acht Jahre zu Manuel nach Südamerika. Anschließend zogen wir als Familie in die Schweiz, wo wir heute noch leben.

D+D War es für euch wichtig, dass ihr zusammenpasst?

Manuel Es kommt für das Gelingen einer Ehe nicht so sehr darauf an, dass man in allem zusammenpasst, sondern vielmehr auf die Bereitschaft, sich anzupassen. Wir

	waren fasziniert von der Andersartigkeit des andern. Man sagt ja, dass sich Gegensätze anziehen. Zuerst ist es spannend, aber dann nerven einen genau diese Punkte gewaltig und später lernt man sie schätzen. Daniela kann gut planen und organisieren. Ich hingegen habe nicht so gut gelernt, vorauszuplanen.
Daniela	Aber so blieb es auch spannend. Etwas anderes waren die Gespräche.
Manuel	Ich war es von zu Hause nicht gewohnt, dass man viel über persönliche Dinge sprach. Es gab viele Tabus in unserer Familie.
Daniela	Wenn ich Manuels Briefe las, wurde ich manchmal stutzig, weil er nicht viel von sich persönlich preisgab. Ich dachte: Nun muss ich mal etwas mehr von ihm sehen! Aber wenn wir direkt miteinander sprachen, konnten wir sehr tief miteinander austauschen. Heute können wir über alles bis ins Detail reden. Aber das war nicht immer so. Als wir das erste Mal etwas Ungutes in unserer Beziehung besprechen mussten, hat Manuel geschwitzt. Er dachte: «Wie werde ich vor ihr bestehen?» Aber dann hatten wir ein so gutes Gespräch, dass er ermutigt war, sich weiter zu öffnen.
Manuel	Ich bekam bei solchen Gesprächen kalte Hände. Aber der Wille war da, weil ich merkte, dass Gespräche einen Teil der Ehe ausmachen. Zu dem Willen, sich zu lieben, gehört auch der Wille, sich zu öffnen. Ich hatte Angst, mich zu öffnen und verletzlich zu machen.
Daniela	Wir erlebten aber auch, wie schön es ist, wenn wir alles bis in die Tiefe miteinander austauschen können. Es ist ein Geschenk, wenn man einander auch die negativen Dinge sagen kann und tiefes Vertrauen da ist.

D+D	Du hast **den Willen zur Liebe** angesprochen.
Manuel	Beim Willen zur Liebe geht es darum, die eigene Ent-

scheidung für den anderen ernst zu nehmen, sie immer wieder innerlich zu erneuern und frisch zu halten.

D+D Wie macht ihr das? **Wie haltet ihr den Willen zur Liebe aufrecht?**

Manuel Eines ist sicher: **Missverständnisse und Unstimmigkeiten** müssen immer wieder bereinigt werden. Die Bibel rät uns: «Versöhnt euch wieder und lasst die Sonne nicht über eurem Zorn untergehen» (Epheser 4,26). Das haben wir uns zu Herzen genommen, aber ich muss zugeben, dass wir es nicht immer zustande bringen. Wenn wir um zehn Uhr abends noch eine Meinungsverschiedenheit haben, schließen wir zwar wieder Frieden, aber es rumort trotzdem noch weiter. Manchmal – mir geht es jedenfalls so – ist man gar nicht einverstanden mit dem andern. Aber ich bitte schon mal formell um Vergebung, auch wenn ich noch nicht einsehe, dass ich danebenliege. Ich weiß ja, dass ich ihre Gefühle verletzt habe – ob es nun meine Schuld war oder nicht. Wenn ich formell vergebe, reinigt Gott den Rest im Nachhinein schon noch.

D+D Bittest du nur für die verletzten Gefühle um **Vergebung** oder auch für das, was du noch nicht einsiehst, dass es deine Schuld war?

Manuel Alles. Ich bitte für alles um Entschuldigung.

D+D Ist das nicht geheuchelt?

Manuel Nein, der Wille ist da. Ich will reinen Tisch machen. Ich will um Vergebung bitten und ihr auch verzeihen. Nur machen die Gefühle und das Herz nicht immer sofort mit.

Daniela Es ist manchmal lediglich eine Vernunftentscheidung: «Wir wollen wieder miteinander zurechtkommen und weitergehen.» Das Herz folgt erst später. Am nächsten Morgen vollführt der Hund ein paar komische Gebärden und man lacht wieder zusammen.

Manuel Es stimmt. Manchmal denke ich, ich sei im Recht. Aber tief innen weiß ich, dass ich nie ganz im Recht bin. Zu einem Missverständnis gehören immer zwei. Und sowieso: Wenn es ihr nicht gut geht, dann bin ich als ihr Ehemann verantwortlich für sie. Ich bin nicht verantwortlich für mein Recht. Das darf ich nämlich Gott abgeben. Er sagt, er sorge für mein Recht. Ich hingegen soll segnen, anstatt Recht zu sprechen oder zu urteilen. Und ich soll meine Frau lieben. Daher kann ich guten Gewissens Daniela um Entschuldigung bitten, auch wenn ich denke, dass sie falsch lag und nicht ich. Dabei fällt mir keine Zacke aus der Krone. Wir haben schon unzählige Male erlebt, wie wir uns tief in die Augen sehen und sagen konnten: Zwischen uns steht nichts. Obwohl wir ebenso viele Male aneinandergeraten sind. Aber Gott hat das alles wieder ganz geheilt. Dadurch spüren wir einen besonderen Frieden und eine tiefe Verbindung.

Daniela Es ist, wie wenn das Wasser im Brunnen nach einem Streit wieder ganz sauber und klar wird. Für mich ist es eine übernatürliche Liebe. Eine Liebe, die nur Gott schenken kann. Er hat die Schuld, die trennend zwischen ihm und uns stand, am Kreuz auf sich genommen. So ist jederzeit Vergebung zwischen Gott und mir sowie zwischen mir und dem andern möglich. Gott vergibt gerne. Wer nachtragend ist, der erlaubt den negativen Gedanken, Wurzeln zu schlagen.

Manuel Um es schon gar nicht erst so weit kommen zu lassen, haben wir gemerkt, dass in unserer Ehe der Samstag erhöhte Aufmerksamkeit verlangt. Da gibt es schneller Unstimmigkeiten, weil es oft so viel zu erledigen gibt. Uns hilft dabei das gemeinsame Gebet.

D+D Sammelt sich das, was nach der Versöhnung weiter in dir rumort, später nicht zu einem Berg an?

Manuel Nein, Gott heilt das komplett. Er wäscht alles sauber. Immer wieder neu reinen Tisch zu machen, ist ein Puzzlestein, wie wir unsere Liebe aufrecht erhalten. Um die Liebe und die Ehe frisch zu halten, ist es auch gut, wenn man einander immer wieder **kleine Überraschungen** bereitet. Kleine, spontane Dinge.

Daniela Das müssen Dinge im Alltag sein. Schließlich leben wir den größten Teil im Alltag zusammen. Er sagt mir zum Beispiel, wie wertvoll ich für ihn sei. Vielleicht gerade dann, wenn ich das Gefühl habe, dass etwas nicht geklappt hat. Das macht die Ehe angenehm.

Manuel Zwei Dinge können eine Ehe stören. Das erste sind Verletzungen, die nicht vergeben sind und das zweite, dass man im Alltag in einen Trott kommt, der mit der Zeit langweilig wird. Wenn jeder in der Rolle gut funktioniert, die er einstudiert hat. Man kommt gut aneinander vorbei. Das kann jahrelang gut gehen. Aber es ist keine lebendige Ehe mehr. Wir Menschen sind Künstler darin, unsere Rollen zu lernen und uns so zu verhalten, wie man es von uns erwartet. Jeder tut, was seine Aufgabe ist und erfüllt seine Pflichten. Das ist aber keine Beziehung mehr.

Daniela In der Ehe geht es darum, die Beziehung zu leben.

Manuel Das kann man durch kleine Überraschungen im Alltag machen. Es können kleine Zeichen der Zuneigung und Wertschätzung sein, aber auch Humor. Gemeinsam herzhaft zu lachen, löst den Alltagstrott. Wichtig ist, Zeit füreinander zu finden.

Daniela Wir müssen auch immer wieder unseren Ehepartner an die erste Stelle setzen. Als Mutter stellt man manchmal die Kinder an die erste Stelle. Mit ihnen gibt es sehr intensive Zeiten, da spricht man schnell nur noch über die Kinder. Vielleicht muss man einmal als Ehepaar ein Wochenende weg und ausmachen, in dieser Zeit kein

	Wort über die Kinder zu sprechen. Dann realisiert man, ob man auch sonst noch etwas Gemeinsames hat. So darf ich zu Manuel sagen: Du stehst bei mir an erster Stelle.
Manuel	Manchmal gehe ich auf Geschäftsreisen. Es ist schon oft vorgekommen, dass ich versteckt in meinem Koffer kleine Geschenke von Daniela gefunden habe. Oder wenn sie einmal spät abends nach Hause kommt und ich schon im Bett bin, stelle ich ihr manchmal eine Kerze mit einem Kärtchen und einem Tee hin. Oder sie legt im Winter eine Wärmeflasche für mich im Bett bereit.
Daniela	Manchmal muss ich mich dazu überwinden. Wenn ich mit den Kindern den ganzen Tag viel um die Ohren hatte und er abends von einer Geschäftsreise nach Hause kommt und erzählen will, denke ich: «Ach, könnte ich doch nur ins Bett gehen.» Aber es ist ein Zeichen meiner Wertschätzung, dass ich aufbleibe und zuhöre. Es ist auch hier wieder der Wille, dass ich sage, ich will dir Aufmerksamkeit entgegenbringen. Das mussten wir lernen, so wie wir auch lernen mussten, Grenzen gegenüber den Schwiegereltern zu setzen.
D+D	Wie war das?
Daniela	Manuel ist der älteste Sohn. Meine Schwiegermutter tat sich schwer mit der **Ablösung**. Ich als erste Schwiegertochter hatte keinen einfachen Stand.
Manuel	In Südamerika, und vermutlich auch in andern Teilen der Welt, ist das ein Problem. Die Söhne sind die Lieblinge der Mütter, besonders der älteste. Da man Haushaltshilfen angestellt hat, lernt ein Sohn wenig im Haushalt.
Daniela	Das traf auf dich und deine Geschwister allerdings nicht so zu. In Südamerika lebt man mit Hilfspersonal im und ums Haus. So erhalten unter anderem auch Ungelernte

eine Stelle und werden oft Teil der Familie. Man sorgt für sie. Es ist eine Umstellung, immer jemand Fremdes um sich zu haben, aber oft auch ein Segen, da mehr Zeit für anderes bleibt.

Manuel Meine Eltern stammten ja auch aus Europa. Aber ich spreche vom allgemeinen Bild. Dann werden die Söhne erwachsen und heiraten. Die frischgebackene Ehefrau weiß genau, wie sie ihn behandeln und bedienen muss. Er wird auch von ihr verwöhnt. Sie macht alles für ihn. Das kann so weit gehen, dass sie ihm regelmäßig das Frühstück ans Bett und das Abendessen vor den Fernseher serviert. Dann kommt ein Kind zur Welt und die Frau hat plötzlich nicht mehr diese ausgiebige Zeit für ihren Mann. Der Mann ist verloren. Aber er hat ja noch eine Mutter. Die kommt. Endlich kann sie sich wieder um ihren lieben Sohn kümmern. Das gibt sehr viele Eheprobleme. Das ist ein typisches Schema, wenn es nie eine klare Trennung vom Ehepaar zum alten Elternhaus gibt. Wir haben gelernt, dass es nicht umsonst in der Bibel steht, dass der Mann Vater und Mutter verlässt und seiner Frau anhängt (1. Mose 2,24). Warum steht das über den Mann und nicht über die Frau? In meinem Kulturkreis ist es klar, warum. Der Mann lernt nur langsam und schwer, seinen Mann zu stehen und Verantwortung für seine eigene Familie zu übernehmen.

Daniela In anderen Formen kann es auch in Europa geschehen. Meine Schwiegermutter ist eine Persönlichkeit. Aber es ist ihr schwergefallen, ihren lieben Sohn loszulassen. Zu Beginn rief sie jeden Tag an. Nach einer Weile sagten wir, dass es nicht täglich sein muss. Sie erwartete auch, dass wir als Frischvermählte mindestens einmal wöchentlich bei ihnen essen würden. Wir lernten immer besser, Grenzen zu ziehen.

D+D Hast du, Manuel, das von Anfang an durchschaut?

Manuel	Nein, ich bin ja dort aufgewachsen. Für mich war klar, dass man eine enge Verbindung zum Elternhaus hält. Klar, in der Theorie wusste ich schon, dass eine gewisse Trennung wichtig wäre, aber in der Praxis wusste ich nicht, was das bedeutet.
Daniela	Wir mussten lernen und sie mussten lernen.
Manuel	Wir waren ja beide bereits um die dreißig Jahre alt. Trotzdem dauerte unser Lernprozess über Jahre.
D+D	Was musstest du als Ehemann und Sohn dazu beitragen?
Manuel	Ich musste erkennen, dass diese Trennung vom Elternhaus wichtig ist für die Ehe. Dann musste ich konkrete Schritte tun. Ich musste den Mut aufbringen, meiner Mutter am Telefon zu sagen, dass es nicht nötig ist, dass sie jeden Tag anruft.
Daniela	Das zu sagen, kostete Manuel einiges. Denn eigentlich geht es hier um eine Person, die man liebt! Für die Söhne ist es in der Tat nicht einfach. Man hat eine liebe Mutter und plötzlich hat man auch noch eine liebe Frau. Er steht dazwischen und muss sagen, wenn die Mutter die Grenze überschreitet. Es ist wichtig, dass man sich ablöst.
D+D	**Was ist euch sonst noch wichtig für das Gelingen der Ehe?**
Manuel	Was ich zur Ehe beitragen kann, sind nur kleine Bruchstücke. Ich sollte meine Frau lieben und ihr dienen sowie der Familie vorstehen. Das gelingt mir längst nicht immer ...
Daniela	Sehr oft gelingt es dir aber auch.
Manuel	... wie es sein sollte. Aber Gott gibt den Rest dazu. Es ist Gnade. Es ist ein Geschenk von ihm, wenn es gelingt. Ich muss mich einfach ihm unterstellen.

D+D Wie machst du das?

Manuel Auch wenn ich nicht alles in der Bibel verstehe, nehme ich es trotzdem als wahr an. Da sind Verheißungen und Richtlinien drin. Ich unterstelle mich Gott, indem ich diese anwende und ausprobiere, auch wenn ich noch nicht ganz durchblicke, wie es funktionieren soll. Zum Beispiel bei der Vergebung: Ich bitte um Entschuldigung, auch wenn ich noch nicht einsehe, dass ich im Unrecht war. Gott verspricht, dass er die Heilung schenken wird. Oder den andern höher zu achten als sich selbst, ist auch ein Prinzip aus der Bibel. Das ist nicht einfach, aber wenn ich es trotzdem anwende und sage: «Also vernunftmäßig mache ich das jetzt», erleben wir immer wieder, wie das der Ehe gut tut.

Daniela Uns hilft es sehr, dass wir **regelmäßig füreinander beten.**

Manuel Wir haben eine Liste mit Themen für jeden Tag des Monats. An einem Tag bete ich für die Ängste meiner Frau, ein anderes Mal für ihre Rolle als Mutter und so weiter. Einerseits bin ich überzeugt, dass kein Gebet vergebens ist. Andererseits lerne ich dadurch auch meine Frau besser kennen. An einem Tag bete ich zum Beispiel für ihre Beziehungen. Dabei überlege ich mir, an welchen Beziehungen sie dran ist und wie es ihr dabei ergehen mag. So denke ich über meine Frau nach – in den unterschiedlichsten Themen. Was wünscht sie sich? Ich realisiere, wie wichtig für sie Beziehungen sind. Jeden Monat komme ich erneut an diesem Thema vorbei. Vielleicht hat sich in ihren Beziehungen in der Zwischenzeit etwas verändert, dann bete ich für etwas anderes, oder noch nicht, dann bleibe ich an diesem dran. So lerne ich von diesen 30 Aspekten jeden Tag etwas über meine Frau dazu. Sich gedanklich mit meiner Frau zu beschäftigen, ändert auch mein Verhalten ihr gegenüber. Ich frage viel eher nach, wie es ihr in den verschiedenen Punkten geht und interessiere mich dafür. Das tägliche Gebet füreinander öffnet uns die Sicht für die Bedürfnisse des andern.

D+D Vielen Dank für das Gespräch.

Zu viel Schonung schadet

Hannes und Bettina Isler

Ein junger, unverheirateter Pfarrer forderte Bettina und Hannes auf, einander nicht zu schonen. Zuerst war Hannes über diese Aussage erstaunt, dass er die Freiheit hatte, das Problem anzusprechen. Doch genau das löste in der Ehe von Hannes und Bettina ein verdrängtes Eheproblem.

Bettina engagierte sich als 19-jährige als Sonntagschullehrerin. Sie hinterließ bei den Eltern ihrer Schützlinge einen guten Eindruck, so dass sie bei einer Familie regelmäßig auf die Kinder aufpasste. Einmal kam auch der Cousin dieser Kinder zu Besuch. Er hieß Hannes und war etwas älter als Bettina. Sie erinnert sich: «Ich habe ihn nicht mehr vergessen. Er hat mir gefallen.» Bettina hatte sich so gut mit dieser Familie angefreundet, dass sie Bettina an ein Fest mitnahmen. Dort lernte sie einen zweiten Cousin kennen. Es war der jüngere Bruder von Hannes. Dieser war sehr extrovertiert und hatte sofort einen Kontakt zu Bettina aufgebaut. An diesem Abend tanzten die beiden oft miteinander. Hannes war an diesem Fest auch dabei, aber er saß nicht am gleichen Tisch wie sein Bruder. Zudem spielte er in einem Theater mit, daher hatte er sich zurückgezogen. Bettinas Augen wanderten oft zu Hannes hinüber und sie dachte: «Eigentlich würde mir der ältere Bruder besser gefallen.» Hannes ging ihr nicht mehr aus dem Kopf.

Bettina Isler (1941)
Hannes Isler (1939)
Hochzeit: 1962
2 Kinder
2 Enkelkinder

Bettinas zwanzigster Geburtstag rückte näher. Sie sah das als ihre Chance an, Hannes besser kennenzulernen. Sie wollte ihn unbedingt einladen. Bettina erinnert sich: «Ich hatte zu wenig Kontakt mit ihm, um ihn einfach so einzuladen. Seinen Bruder hingegen kannte ich bereits gut. Also lud ich ihn ein und sagte ihm: ‹Wenn du willst, kannst du auch Hannes mitbringen.» Das Geburtstagsfest fand auf dem elterlichen Bauernhof statt. Als Hannes dorthin fuhr, hatte er bereits eine Vorahnung: «Ich merkte schon, dass etwas in der Luft lag. Ich hatte ja auch schon meine Blicke auf sie geworfen. Ich wusste: Wenn ich heute hingehe, dann geschieht etwas.»

Bettina hatte bis vor kurzem die Kantonsschule besucht. Da diese ein sehr großes Einzugsgebiet besaß, kam Bettinas Schulfreundin von weit her. Oft übernachtete sie bei ihr auf dem Bauernhof. Am Geburtstagsfest war sie auch dabei. Die Party ging an diesem Abend nicht zu Ende. Bettina und ihre Freundin, Hannes und sein Bruder blieben gemeinsam die ganze Nacht über auf. Am nächsten Morgen hatten sich zwei neue Paare gebildet. Hannes mit Bettina und sein Bruder mit deren Freundin. Hannes schlug eine Wanderung auf den nahegelegenen Hausberg vor. Auf dieser eineinhalb stündigen Wanderung hatten die zwei frischen Paare einander viel zu erzählen. Die meiste Zeit wanderten die zwei Paare mit etwas Abstand zueinander.

Am nächsten Tag ging Bettina arbeiten. Sie fragte sich: «Und jetzt? Wie geht es weiter?» Hannes beantwortete ihr diese Frage gleich zu Beginn des Feierabends. Er holte sie an ihrem Arbeitsort ab. Das geschah im April. Bettina hatte bereits geplant, im September für ein Jahr nach England zu gehen. Da sich die Umstände nun geändert hatten, wollte Bettina den Auslandaufenthalt absagen. Doch Hannes ermutigte sie: «Wenn du ein Jahr weggehst, dann ist das eine gute Prüfungszeit. Wir können einander schreiben. Zudem sehen wir, ob die Sache mit uns hält.»

D+D Hattet ihr keine Angst vor dieser Trennung?

Hannes Für mich war klar, dass wir diese Prüfung bestehen würden.

Bettina Wir wussten, dass wir zusammengehören. Dass wir einmal heiraten würden, stand von Anfang an fest.

Hannes Eine solche räumliche Trennung zu überstehen, hat mit Treue zu tun. Damals war **Treue** noch selbstverständlicher als heute. Auch in der Ehe. Wenn man heiratet, ist man nicht mehr nur für sich da, sondern beide füreinander.

Bettina «In guten wie in bösen Tagen» heißt es so schön in den meisten Trauversprechen. Aber heute sind viele junge Menschen nicht mehr leidensfähig. Man wirft den Löffel viel schneller hin als früher – in der Ausbildung, im Beruf, aber leider auch in der Ehe.

Hannes Treue hat viel mit dem Selbstwert zu tun. Ich kann nur treu sein, wenn ich einen stabilen Selbstwert besitze. Wenn ich ein flatterhafter Typ bin, unstetig, immer auf der Suche nach Glück und Erfüllung, dann ist Treue schwierig. Heute erleben wir die Treue noch in einer andern Dimension. Wir erleben, wie Gott treu ist. Daraus leiten wir Treue für unseren Ehepartner ab. Die Gewissheit, dass wir zusammengehören, war sicher ein guter Boden für unsere Ehe. Dann ging Bettina nach England. Über Neujahr durfte ich sie besuchen und sogar im Haus der Familie wohnen. In der übrigen Zeit haben wir uns viel geschrieben.

Bettina Als ich im Juni von England nach Hause kam, passierte es.

Hannes Es war eine stürmische Begrüßung.

Bettina Ich wurde schwanger. Für meine Eltern war es nicht einfach. Ihre Tochter unterrichtet in der Sonntagsschule und dann passiert so etwas. Der Schock dauerte jedoch nicht lange, dann haben sie mich unterstützt.

Hannes Anfang Oktober haben wir geheiratet. Im März kam dann unser erstes Kind zur Welt.

Bettina Später heirateten auch meine Freundin und der Bruder von Hannes.

D+D Nun seid ihr 47 Jahre verheiratet. Was sind die wichtigsten Gründe dafür, dass eure Ehe bis heute gehalten hat?

Hannes **Treue, Offenheit, Respekt und Dankbarkeit sind wichtige Grundsätze. Das Gespräch wurde später sehr zentral in unserer Ehe.** Wir haben uns gegenseitig zu Beginn zu stark geschont und Dinge dem Frieden zuliebe nicht angesprochen. Heute dürfen wir zwei verschiedene Standpunkte haben, aber wir bleiben im Gespräch. **Wir lernten zu fragen, was den Ehepartner erfreut, anstatt nur zu schauen, was ich brauche. Dabei versuchen wir einander zu fördern. Jeder muss seine Verantwortung für die Ehe wahrnehmen. Dazu gehört die Ehe-Dreierschaft mit Gott.**

D+D Über die Treue haben wir bereits gesprochen. Die **Offenheit und Gespräche** zu führen gehören zusammen. Wie meinst du das, dass ihr euch **gegenseitig geschont habt?**

Hannes Wenn dem einen etwas nicht passte, haben wir das nicht kommuniziert. Erst später merkten wir, dass wir besser etwas gesagt hätten. Innerlich schmollten wir, aber wir sprachen nicht darüber.

Bettina Dem Frieden zuliebe haben wir Probleme nicht angesprochen. Nach mehreren Ehejahren sind wir umgezogen. Weil wir neue Kontakte knüpfen wollten und wir beide gerne singen, haben wir uns dem Singkreis der dortigen Landeskirche angeschlossen und besuchten die Abendgottesdienste. Wir gingen jeweils schnell nach Hause, aber einmal ist uns der junge Pfarrer hinterhergerannt. Er sagte, dass er einen Hauskreis mit vier Ehepaaren gründen werde. Dort würde man über den Glauben, Gott und die Welt reden. Er fragte, ob wir auch dabei sein möchten. Wir sagten zu. Das war für uns ein großer Segen. Durch die regelmäßige Gemeinschaft mit andern hat unser Glaube an Gott erst den richtigen Schub erhalten. Das hat unserer Ehe sehr gut getan. Ich besuchte auch als Kind ab und zu den Gottesdienst, aber der verbindliche Glaube und die Beziehung zu Gott wuchsen erst in der Zeit dieses Hauskreises. Einmal sagte uns dieser Pfarrer direkt, dass wir uns nicht gegenseitig schonen sollen. Er spürte das. Das löste in uns ein Aha-Erlebnis aus.

Hannes Im ersten Moment war ich überfordert mit dieser Aussage. Ich dachte, dass es von einem jüngeren und unverheirateten Mann ungewöhnlich sei, uns so etwas zu sagen. Aber dann merkte ich, dass es wahr war: Wir teilten uns zu wenig mit. Wir hatten die Verantwortlichkeiten in der Ehe und im Haushalt unter uns aufgeteilt. Ich war stark fürs Geschäft und für Weiterbildungskurse in Beschlag genommen. Den Haushalt und die Erziehung der Kinder habe ich hingegen Bettina überlassen. Sie hat mir nicht hineingeredet und ich ihr nicht. Aber dann haben wir gemerkt, dass das so nicht weitergehen sollte. Wir nahmen uns vor, uns vermehrt gegenseitig abzusprechen und am Leben des anderen Anteil zu nehmen.

Als die Verbindlichkeit mit Gott zugenommen hat, wurde mir bewusst, dass ich eine Hypothek aus meiner Kindheit mit mir herumtrug. Ich war vier Jahre alt, als mein Vater starb. Ich bin als Halbwaise mit drei Brüdern aufgewachsen. Ich wurde als Kind von Erwachsenen oft verletzt. Dadurch habe ich mich immer mehr zurückgezogen. Ich traute mich nicht mehr, mich zu äußern. Später habe ich mich in meinen Stolz eingemauert und gedacht: «Die können mich mal.»

Bettina Hannes war sehr ernst. Sein Bruder war genau das Gegenteil davon. Hannes war aber geheimnisvoll ruhig und still. Das hat mich an ihm fasziniert. Man hört immer wieder, dass das, was zu Beginn am Ehepartner fasziniert, später zu einem Konfliktpunkt werden kann. Genau so war es: Mit der Zeit verunsicherte mich seine stille Art. Wir haben sehr wenig miteinander gesprochen. Durch unsere ehrenamtliche Mitarbeit in der Kirche haben wir begonnen, gemeinsam in Arbeitsbereichen Verantwortung zu übernehmen. Zusammen im Team einer Ferienwoche oder der Jugendarbeit zu sein, hat uns als Ehepaar weitergebracht. Durch diese gemeinsamen Verantwortungen haben wir gelernt, miteinander zu reden.

Hannes Später, als die Kinder ausgeflogen waren, haben wir gemeinsam in verschiedenen christlich-sozialen Werken gearbeitet.

Bettina Als wir feststellten, wie schön es ist, nicht getrennte, sondern gemeinsame Wege zu gehen, wurde dies zu einem Grundtenor in unserer Ehe. Durch diese gemeinsamen Engagements hat sich das Gespräch aufgedrängt und wir hatten auch genügend Gesprächsstoff.

Hannes Um meine Kindheit aufzuarbeiten, nahm ich ein Seelsorgeangebot in Anspruch. Dort lernte ich zum ersten Mal, wie ein Vater sein könnte. Ich lernte Gott als Vater mit seiner Güte und Liebe kennen. Zuvor war für mich ein Vater vor allem streng. Das kennen zu lernen und für mich persönlich in Anspruch zu nehmen, hat mir sehr geholfen. Dadurch wurde ich offener meiner Frau und Außenstehenden gegenüber. Ich konnte ihre Äußerungen und Verbesserungsvorschläge nun als Anregung anstatt als Kritik annehmen. Das war ein Prozess, der mir und unserer Ehe sehr gut getan hat.

Bettina Weil Hannes nicht mit mir gesprochen hat, war ich frustriert und habe ihn kritisiert. Rückblickend weiß ich, dass ich ihn stellenweise auch manipulieren wollte. So fand auch bei mir ein Prozess der Veränderung statt.

Hannes Meistens war es so, dass ich hätte merken sollen, was Bettina wünscht. Ich hätte spüren sollen, was sie braucht. Ich bin aber jemand, der sagt: «Wenn du es mir nicht sagst, kann ich es nicht wissen. Du musst es mir sagen.»

Bettina Ich hatte viele Erwartungen an ihn. Vielfach auch falsche Erwartungen. Weil wir nicht darüber gesprochen haben, machte es das Zusammenleben schwierig.

Hannes Es hat sich in Kleinigkeiten ausgewirkt. Zum Beispiel, wenn ich beim Wandern eine Pause machen wollte, ist sie einfach weitergegangen. Wir haben in ganz praktischen Dingen unterschiedlich funktioniert. Dadurch gab es immer wieder Unstimmigkeiten. Ich brauche für den Tagesablauf ein grobes Gerüst. Ich möchte vorausplanen. Bettina hingegen lebt einfach drauflos. Es wird sich schon ergeben, sagt sie. So sind wir verschieden.

Bettina Die Unterschiede wären gar nicht so schlimm. Das Problem war, dass wir nicht darüber gesprochen hatten. So sind Konflikte entstanden. Erst durch den Glauben an Gott, die gemeinsamen Engagements in den verschiedenen Teams und durch die Seelsorge haben wir einen Weg aus dieser Sackgasse gefunden. Jemand sagte kürzlich, dass Hannes im Laufe unserer Ehe lebendiger und ich ruhiger geworden sei. Wir haben uns also einander angeglichen.

D+D Wie handhabt ihr es mit dem Gespräch heute?

Hannes Wir haben uns angewöhnt, schneller miteinander ins Gespräch zu kommen und früher Dinge anzusprechen. Heute ist es selbstverständlich, dass wir über alles reden. Auch über Dinge, bei denen wir tagsüber verschiedener Meinung waren oder sogar eine Auseinandersetzung hatten. Wir dürfen heute zwei verschiedene Standpunkte haben. Männer und Frauen sind sehr verschieden. Dazu kommen noch charakterliche

Unterschiede. Daher haben wir gelernt, dass der andere meinen Standpunkt nicht bejahen muss. Sie darf eine Ansicht vertreten, die ihr entspricht, und ich darf einen Standpunkt vertreten, der mir entspricht. Und beide können richtig sein – vom jeweiligen Gesichtspunkt aus betrachtet. Es befreit sehr, wenn man erkennt, dass man für die Gleiche Situation zwei Meinungen haben darf. Es muss niemand mehr darum kämpfen, dass er recht hat.

D+D Wie habt ihr das gelernt?

Hannes Als Erstes muss man akzeptieren, dass es andere Standpunkte gibt. Als Zweites sende ich irgendein Signal aus, dass ich den andern mit seiner Sichtweise akzeptiere. Das ist die Voraussetzung dafür, dass man einen Lösungsweg miteinander finden kann. Wir bleiben ja nicht bei unseren Standpunkten stehen, sondern gehen gemeinsam weiter. Solange man nicht akzeptiert, was der andere sagt, kommt man nicht weiter.

D+D **Respekt** war ein anderes Stichwort. Wie habt ihr Respekt gelernt?

Hannes Jeder Mensch ist von Gott geschaffen. Und zwar genau so wie er ist. Deshalb verdient jeder Mensch Respekt. Wenn ich nun einem – aus meiner Sicht – blöden Typen gegenüber sitze, dann muss ich mir in Erinnerung rufen, dass auch er Respekt verdient. So beginne ich, ihn anders anzuschauen. Er wirkt zwar vielleicht immer noch komisch auf mich, aber ich toleriere und respektiere ihn viel eher. Ich weiß, dass ich nicht über ihn urteilen soll.

Bettina Aber wir tun es trotzdem immer wieder.

Hannes Ja leider. Aber es lohnt sich trotzdem, sich immer wieder vor Augen zu führen, dass auch dieser Mensch von Gott gemacht und gewollt ist.

Bettina Früher ging ich oft voran und habe Entscheidungen getroffen, da sich Hannes aus dem Haushalt und der Erziehung weitgehend herausgehalten hat. Heute stelle ich immer mehr fest, dass ich mich gerne bei ihm anlehne und ihn entscheiden lasse. Ich sehne mich nach der Geborgenheit, dass er entscheidet und es auch durchzieht. Ich vertaue mich ihm an. Der Respekt gegenüber seiner Meinung und seiner Entscheidungsfindung ist bei mir gewachsen.

Hannes Gegenseitig natürlich. Respekt hat damit zu tun, seine eigene Meinung nicht an oberster Stelle zu haben. Ich muss lernen, zuerst die Meinung des andern anzuhören. Dazu gehört auch, dem andern die Zeit zu lassen, seine Meinung zu entwickeln. Ich weiß oft sehr schnell, was ich will. Bettina hingegen muss es sich zuerst durch den Kopf gehen lassen. Da muss ich darauf achten, dass ich ihr nicht meine fertige Ansicht auflade.

Bettina Respektlos zu sein, bedeutet zum Beispiel auch, Schwächen des andern immer wieder zu äußern – erst recht vor andern Personen. Zum Beispiel werde ich nie bei meinen Eltern oder Geschwistern über meinen Mann klagen. Ich finde es schlimm, wenn der eigene Ehepartner bei andern schlecht gemacht wird. Meistens geht es ja nur darum, selbst besser dazustehen oder Mitleid zu bekommen.

D+D Schauen wir uns noch einen anderen Punkt an. Wie hat sich das **Einander Fördern** bei euch entwickelt?

Bettina Ich erinnere mich dazu an einen Spruch, den ich einmal gelesen habe. Er lautete ungefähr so: «Zur Liebe gehört, dass ich einen Menschen dort abhole, wo er ist, und nicht da, wo ich ihn haben möchte.» Ich denke, das ist etwas vom Wichtigsten. Beim Fördern geht es nicht darum, zu denken: «Er sollte dies ... er sollte jenes ...», sondern den Ehepartner von dort aus zu fördern, wo er steht. Fördere deinen Ehepartner, aber stoße ihn nicht.

Hannes Ich fördere Bettina hauptsächlich dadurch, dass ich meiner Freude Ausdruck gebe, wenn ihr etwas gelingt: «Es ist super, dass du das zustande gebracht hast, dass du das töpfern konntest oder dass du diesen Gedanken gehabt hast.» Durch diese Wertschätzung bekommt sie neuen Mut, sich weiterhin zu investieren. Auch beim Kochen habe ich sie immer gelobt. Das war für mich ganz einfach, weil sie wirklich sehr gut kocht. Aber für sie war es dennoch wichtig. Die Wertschätzung beflügelt sie, noch besser zu werden.

Bettina Das tut mir gut. Weiter gehört zum Fördern auch, Möglichkeiten zu bieten, dass der andere sich weiterentwickeln kann. Zum Beispiel, dass ich einen Kurs besuchen konnte und Hannes in dieser Zeit für die Kinder gesorgt hat. Später haben wir gemeinsam Kurse besucht. Er ließ mir den Freiraum, über längere Zeit immer wieder töpfern zu gehen.

Hannes Wir haben viel zusammen gemacht. Getrennte Ferien hat es selten gegeben. Wir haben zusammen den Ausbildungskurs in finaler Eheseelsorge[4] besucht. Zudem waren wir in Teams von Ferienwochen. So gab es viele Möglichkeiten, die Fähigkeiten des andern zur Entfaltung kommen zu lassen.

D+D Ihr sagtet **«Meine Verantwortung in der Ehe wahrnehmen»**. Was für eine Verantwortung ist da gemeint?

Hannes Meine Verantwortung ist es, dass es Bettina gut geht und dass sie sich entfalten kann, dass sie Geborgenheit erlebt und so weiter. Mir darf es nicht egal sein, wie es ihr geht, was sie macht, was sie denkt oder wo sie ist. Es ist meine Verantwortung, sie zu fördern und Bettina

[4] LiSa Eheatelier (www.lisaeheatelier.ch)

dahin zu führen, dass sie das Potential, das Gott in sie hineingelegt hat, auch ausschöpfen kann. Zu Beginn unserer Ehe tat ich das theoretisch. Erst später rutschte es auch ins Herz hinunter. Heute ist es eines meiner Bedürfnisse, dass es Bettina gut geht.

Bettina Wir haben das gelernt, indem wir Verantwortung für andere Menschen übernehmen mussten. Zum Beispiel als Eheseelsorger und ich später vertieft bei der Nachtwache in der Drogentherapie.

Hannes Bei meiner Arbeit war ich verantwortlich für Mitarbeiter. Ich war schon früh für die Weiterbildung der Lehrlinge zuständig. Später habe ich Mitarbeiter gefördert, damit sie Vorarbeiter und Meister werden konnten. Das war ein gutes Übungsfeld für die Förderung und die Verantwortung in der Ehe.

Bettina Vor acht Jahren hatte Hannes einen Herzinfarkt. Dadurch wurden wir noch feinfühliger für die Verantwortung, die wir füreinander haben. Wenn Hannes Fahrradtouren macht, schreibt er mir jeweils eine Notiz, wann er wieder da sein wird und er nimmt das Mobiltelefon mit und mein Gebet begleitet Hannes.

D+D Habt ihr ein Beispiel dafür, wie ihr dafür sorgt, dass es dem andern gut geht und dass er sich geborgen fühlt?

Bettina Uns sind **Berührungen** sehr wichtig geworden. Öfter am Tag eine Umarmung oder beim Spazieren die Hand halten, das stärkt die Verbundenheit.

D+D Geschehen diese Berührungen automatisch?

Hannes Nein, es ist jedes Mal eine Entscheidung. Ich möchte Bettina jetzt die Hand geben oder sie umarmen. Ich könnte es ja auch sein lassen.

Bettina Ich erlebte in meiner Kindheit nicht viel körperliche Nähe. Wir kannten das nicht. Ich habe es im Laufe der

Ehe aber gelernt und schätze es nun sehr.

D+D Was bringen diese Berührungen?

Hannes Es gibt ein gutes gemeinsames Erlebnis und eine Verbundenheit. Berührungen bilden einen Boden für den Eheалltag. Dadurch, dass wir füreinander offener wurden, spüren wir besser, was der andere braucht. Früher schauten wir mehr auf unsere eigenen Bedürfnisse. Heute schaue ich viel mehr darauf, was ich ihr schenken könnte. Was tut ihr gut? Das Schöne daran ist, dass es wieder zurückkommt. Wenn es Bettina gut geht und sie sich geliebt fühlt, dann profitiere auch ich davon.

Bettina Hannes macht mir sehr viele Komplimente und stärkt dadurch mein Selbstvertrauen und er ist sehr dankbar. Alle unsere Kinder haben von seinem Vorbild gelernt, dankbar zu sein.

Beim Herzinfarkt wurde Hannes das Leben und mir mein Ehemann nochmals neu geschenkt. Seither sind wir viel dankbarer füreinander und genießen einander jeden Tag intensiver als zuvor. Es ist nichts mehr selbstverständlich.

D+D **Habt ihr ein Ehemotto?**

Hannes Das ist der Bibelvers, über den der Pfarrer die Traupredigt gehalten hat. Also unser Hochzeitsvers: «Herr, wohin sollen wir gehen? Du hast Worte des ewigen Lebens; und wir haben geglaubt und erkannt: Du bist der Heilige Gottes» (Johannes 6,68-69). Der Pfarrer hat diesen Vers ausgewählt, es war auch mein Konfirmandenspruch.

D+D War euch dieser Vers schon immer wichtig?

Hannes Nein, lange Zeit konnten wir nicht viel damit anfangen. Aber plötzlich ist er auf verschiedene Weisen wieder in unserem Leben aufgetaucht. Aber erst, nachdem unser

Glaubensleben aktiver geworden war.

D+D Inwiefern ist das euer Ehemotto?

Hannes Wenn wir ein Problem haben, gehen wir zu Jesus. Ganz nach dem Motto: «Herr, wohin sollen wir gehen? Du hast Worte des ewigen Lebens.» Alleine oder zusammen kehren wir zu ihm um und suchen bei ihm die Hilfe. Wir bringen Gott unsere Probleme oder Krankheiten und bitten ihn, dass er weiterhilft.

Bettina Wir haben schon oft erlebt, dass Gott daraufhin mit Lösungen geantwortet hat. Auch bei ganz kleinen Dingen.

Hannes Viele heiraten noch in der Kirche. Sie sagen, sie hätten vor Gott den Bund der Ehe geschlossen. Entscheidend für uns ist es aber, ob wir unseren Bund *mit* Gott und nicht nur vor Gott eingegangen sind. Wenn wir Gott einladen, mit in der Ehe zu sein, dann ist das die bekannte dritte Schnur, die das Seil stabil macht (siehe Kasten). Das ist etwas ganz anderes, wenn Gott mit dabei ist.

Bettina Das Ehedreieck von Manfred Engeli[5] zeigt schön, wie es sein kann, wenn Gott mitgeheiratet hat. Es ist ganz wichtig, dass wir nicht auf einer Ebene miteinander Konflikte austragen und streiten, sondern zuerst jeder für sich das Problem mit Gott anschaut.

Hannes Ich klage zuerst Gott mein Leid, wenn ich mit Bettina nicht klar komme. So ist Gott eine Kläranlage für meine Gefühle und Gedanken. Wenn ich daraufhin zu Bettina gehe, bin ich schon viel gelöster. Ich sage meiner Frau nur das Positive direkt. Über alles andere rede ich zuerst mit Gott. Erst wenn ich die Ruhe Gottes zu einem bestimmten Thema spüre, spreche ich es an. Ohne diese Kläranlage wirft man dem Ehepartner schnell etwas Ungereiftes an den Kopf. Da ist es besser, es noch

---

[5] Engeli, Dr. Manfred. Finale Eheseelsorge. Scesaplana Verlag

für sich zu behalten und mit Gott zu besprechen. Dadurch bekommt man die Weisheit, es im richtigen Ton und im richtigen Moment zu sagen.

> «Zwei sind allemal besser dran als einer allein. Wenn zwei zusammenarbeiten, bringen sie es eher zu etwas. Wenn zwei unterwegs sind und hinfallen, dann helfen sie einander wieder auf die Beine. Aber wer allein geht und hinfällt, ist übel dran, weil niemand ihm helfen kann. Wenn zwei beieinander schlafen, können sie sich gegenseitig wärmen. Aber wie soll einer allein sich warm halten? Ein einzelner Mensch kann leicht überwältigt werden, aber zwei wehren den Überfall ab. **Noch besser sind drei; es heißt ja: ‹Ein Seil aus drei Schnüren reißt nicht so schnell.›»**
>
> Prediger 12, 9-12

Bettina: Ich bin sehr impulsiv. Dadurch habe ich früher Verletzendes oft einfach direkt gesagt. Heute weiß ich, dass ich gar nicht immer alles sagen muss. Nach einer Stunde stelle ich oft fest, dass es gut war, dass ich es nicht gesagt habe. Es war gar nicht so wichtig – besonders nicht im Verhältnis zu der Verletzung, die sie in Hannes verursacht hätte.

D+D: Wenn man aber mitten im Gespräch ist und sich ein Konflikt anbahnt, kann man ja nicht sagen: «Sorry, ich muss zuerst mit Gott darüber sprechen.»

Bettina: Nein, das wäre komisch. Für diesen Fall hat Manfred Engeli ein anderes Bild. **Die vanGogh Brücke**[5] hat zwei Enden, die je von einer Seite hochgezogen werden können. Die Ehe ist wie diese Brücke. Jeder Ehepartner hat die Kontrolle über seinen Teil der Brücke. Er kann seinen Brückenabschnitt hochziehen oder herunterlassen. Also: Bin ich zu und verschließe mich meinem Ehepartner oder bin ich offen und gehe auf ihn zu? Ich muss immer wieder wahrnehmen, ob ich meinen Brückenteil oben habe, aber bereit bin, meinen Brückenteil herunterzulassen. Nur wenn beide ihren Teil dazu beitragen, ist echte Kommunikation und Versöhnung möglich.

Hannes Ich kann nur meine Seite herunterlassen. Trotzdem wird oft über die Brücke gerufen: «Lass deine Seite herunter, dann lasse auch ich meine Seite herunter.» Stattdessen sollte man selbst einen Schritt auf den andern zu machen. Ich bin verantwortlich für meinen Teil und sie ist verantwortlich für ihren Teil.

D+D Wie lässt man im Alltag die eigene Brückenseite herunter?

Hannes Bin ich bereit, auf Bettina einzugehen und mir ihren Standpunkt anzuhören? Dann habe ich meinen Brückenteil unten. Oben ist meine Brückenseite hingegen, wenn ich sage: «Jetzt kommst du schon wieder damit. Das will ich nicht hören!» Wenn ich also abweisend bin. Ich brauche die Bereitschaft, auf sie zugehen zu wollen, ohne bereits ein Resultat oder ein Entgegenkommen ihrerseits zu sehen.

Bettina Wenn sie oben ist, dann ist man auf Rückzug: Ich will für mich sein. Ich mache zu. Ich gehe weg.

Hannes Wenn ich spüre, dass ich wirklich einen Fehler gemacht habe, muss ich mich halt zuerst einmal entschuldigen und sagen, dass es tut mir leid. Vielfach bin ich derjenige, der falsch liegt, weil ich ihren Standpunkt gar nicht berücksichtigt habe. Ich habe nur meine Sicht gesehen und darauf beharrt. Dann bin ich hart und will mein Ding durchziehen.

Bettina Natürlich ist die Brücke herunterzulassen erst der Anfang. Damit ist das Problem noch nicht gelöst. Aber es ist bereits etwas sehr Wichtiges geschehen: Es wird eine Ebene geschaffen, auf der Lösungen möglich sind. Wenn ich nicht bereit bin, an einer Lösung zu arbeiten, ist meine Brückenseite oben.

Hannes Wichtig ist, dass ich für Bettina transparent bin. Ich sollte ihr nur Dinge sagen, die ich von Herzen auch so meine. Sie merkt schnell, wenn ich nicht ehrlich bin.

Bettina Ich frage dann einfach nach: «Was meinst du nun wirklich zutiefst im Innersten; habe ich dich verletzt?»

Hannes Das gilt auch in Bezug auf die Gefühle. Ich darf heute bei einem Film weinen. Ich kann Bettina meine Gefühle zeigen. Ich muss sie vor ihr nicht verstecken oder mich verstellen.

D+D Habt ihr uns noch ein Schlusswort?

Hannes Freut euch am Positiven, das ihr habt. Und das Negative muss nicht heute gelöst sein … aber es wird eine Lösung geben. Wenn du in eine Ehe hineinkommst, dann sei bereit, neue Erfahrungen zu machen. Es gibt so viel Neues und Schönes zu entdecken.

Bettina Mir ist als Schlusswort ein Zitat wichtig: «Zusammen wollen wandern durchs ganze Leben wir, auf Höhen und in Tälern, denn ich gehör zu Dir.»[6]

D+D Vielen Dank für das Gespräch.

[6] aus «Dreifuss ist unser Name» von Isabella Maria Fischli, Pendo Verlag

Die Quelle der Liebe gefunden

Susanne und Thomas Hunziker

Thomas und Susanne engagierten sich in unterschiedlichen Kirchgemeinden als Sonntagsschullehrer. An einem kirchlichen Weiterbildungstag begegneten sie sich das erste Mal. «Ich merkte bald, dass sie eine angenehme Persönlichkeit besaß», erinnert sich Thomas, «aber ich dachte damals noch nichts dabei.»

Da sie einen ähnlichen Nachhauseweg hatten, fuhren sie gemeinsam mit dem Zug. Eine Freundin von Thomas war auch noch dabei. Sie war zufällig Susannes Cousine. Um sich wieder einmal mit ihr unterhalten zu können, lud Susanne ihre Cousine zu einem Drink nach Hause ein. Thomas stand dabei, so musste sie ihn auch einladen. Doch dort war Thomas plötzlich verwirrt. Susanne ging immer wieder aus dem Raum und kam innerhalb kürzester Zeit umgezogen wieder zurück. Dies passierte einige Male, bis Thomas feststellte, dass Susanne eine Zwillingsschwester hat. Susanne erinnert sich an diesen Streich: «Ich hatte damals überhaupt kein Interesse an einer Beziehung, darum habe ich es mir erlaubt.» Nach diesem Tag ging Thomas diese junge Frau nicht mehr aus dem Kopf. Er nahm allen Mut zusammen und passte sie eines Tages nach der Arbeit ab. Er fragte sie, ob sie zusammen etwas trinken gehen würden. «Ich war damals 19 Jahre alt und noch sehr naiv», sagt Susanne heute, «da ich eine sehr enge Beziehung zu meiner Zwillingsschwester hatte, brauchte ich damals eigentlich niemanden zusätzlich.» Trotzdem ging sie mit Thomas mit. Später besuchten sie zusammen eine Kinovorstellung und ein Eishockeymatch. Sie wollte aber nie seine Hand halten.

Susanne Hunziker (1944)
Thomas Hunziker (1943)
Hochzeit: 1967
3 Kinder, 7 Enkelkinder

Dann durfte Thomas zum zweiten Mal zu Susanne nach Hause. Er war emotional so überwältigt, dass er Probleme mit dem Magen bekam und sich übergeben musste. «Ich wurde sehr herzlich von ihrer Familie aufgenommen. Es war mir sehr wohl dort. Diese Herzlichkeit und Annahme war ich bei uns zu Hause nicht gewohnt. Das hatte mich so überwältigt, dass mein Magen nicht mehr mitmachte», erzählt Thomas. Sein zukünftiger Schwiegervater stellte ihm einen Kellerraum zur Verfügung, in dem er für sein Fotohobby eine Dunkelkammer einrichten konnte. Wenn Susanne und Thomas alleine sein wollten, zogen sie sich dorthin zurück und entwickelten Fotos.

Für Susanne war es hingegen nicht einfach, sich in ihre zukünftige Schwiegerfamilie einzugliedern. Als sie das erste Mal in den Bus stieg, der zu Thomas' Dorf führte, pochte die Frage immer wieder in ihrem Kopf: «Soll ich bei der nächsten Haltestelle wieder aussteigen?» Sie wusste, dass er sehr strenge Eltern und eine schwere Jugend hatte. Daher hatte sie Angst vor der ersten Begegnung. Thomas erzählt: «Meine Mutter hatte nicht gerne fremde Leute im Haus. Ich schämte mich für meine Mutter. Ich durfte meine Freunde nicht ins Haus lassen, auch wenn sie schon vor der Tür standen. Sie sagte jeweils: ‹Bring mir den nicht ins Haus.› Sie war sehr menschenscheu. Auf der anderen Seite hat sie uns aber gut erzogen und vieles im Haushalt beigebracht.» Susanne ergänzt: «Thomas kann kochen und backen wie kein Zweiter.» Susanne erinnert sich an die erste Begegnung: «Thomas' Mutter war sehr kühl und prüfend. Ich durfte in dem kleinen Wohnzimmer sein – alle anderen Räume waren durch geschlossene Türen nicht für den Besuch bestimmt. Es kam mir etwas geheimnisvoll vor. Thomas' älterer Bruder war mit seiner zukünftigen Frau auch anwesend. Mit ihnen hatten wir gute Gespräche.» Thomas fügt hinzu: «In mir war eine riesige Spannung. Ich sah den Unterschied von Susannes Zuhause und meinem. Ich hoffte, dass Susanne den Geschmack von Rauch aushalten konnte. Meine Mutter war eine starke Raucherin, doch vor Menschen rauchte sie nie. Hinter den verschlossenen Türen waren Räume, welche der Unordnung wegen nicht zugänglich waren. Ich kann mich nicht mehr erinnern, ob mein Vater dabei war.»

Thomas' Mutter wollte für ihren Sohn keine Städterin. Susanne spürte das unter anderem daran, dass sie nie etwas aus dem großen Garten geschenkt bekam. An Weihnachten erhielt Thomas von seiner Mutter ein Paar Schuhe mit dem Hinweis, dass dieses Geschenk für sie beide sei. Susanne hatte lange Zeit Mühe, wie seine Mutter mit ihr umging. Aber als Susanne und Thomas geheiratet hatten, überwand Susanne die Ablehnung und begann, mit ihr Gespräche zu führen. Die Schwiegermutter erzählte dabei aus ihrer Vergangenheit. Sie war auf einem sehr abgelegenen Hof aufgewachsen und musste bereits als Kind hart arbeiten. Da konnte Susanne ihr Verhalten besser nachvollziehen und hat sie auch ganz lieb bekommen.

Susanne war in die Beziehung mit Thomas hineingerutscht, ohne Klarheit darüber zu finden, ob sie die Beziehung wirklich wollte oder nicht. Um diese Klarheit zu erlangen, schlug sie Thomas nach einem halben Jahr vor, dass sie eine Beziehungspause einlegen sollten. Er dachte, dass die Zeit seiner Rekrutenschule ideal dafür sei. Während mehrerer Monate hatten sie keinen einzigen Kontakt. Für Thomas war das hart, besonders wenn er am Wochenende nach Hause fuhr. Er wusste, dass er ohne die Beziehungspause eigentlich auch zu Susanne fahren könnte. Er schrieb ihr aber jeden Tag einen Brief. Da er ihn aber nicht senden durfte, schrieb er diesen Brief in ein Tagebuch. Thomas spielte in der Militärmusik. Er lud Susanne zum Abschlusskonzert der Rekrutenschule ein. Sie folgte dieser Einladung. Dort überreichte er ihr das Tagebuch mit den gesammelten Briefen. An diesem Tag nahmen sie die Beziehung wieder auf.

Doch kurze Zeit später verreiste Susanne für längere Zeit nach Paris. Sie arbeitete dort halbtags als Kinderpflegerin und besuchte in der restlichen Zeit eine Sprachschule. Für Thomas war das wieder eine schwierige Zeit: «Ich hatte damals auch mit Eifersucht zu kämpfen. Ich sah in Susanne eine Perle, die ich gerne zur Frau haben wollte. Ich betete zu Gott, aber dachte nach etwa neun Monaten doch, dass ich selbst nachhelfen sollte.» Er schrieb ihr einen Brief, in dem unter anderem stand: «Komm nach Hause! Entweder du kommst oder unsere Beziehung ist beendet.»

Der Brief kam bei Susanne nicht gut an. Sie sprach darüber lange mit ihrer Hausmutter. Sie empfahl ihr, nach Hause zu gehen und vor Ort die Beziehung mit Thomas zu klären. Falls sie nicht gehen würde, könnte sie es später vielleicht bereuen. «Mein Kopf ließ es nicht zu, dass ich direkt nach Hause fuhr. So reiste ich zuerst für einen Monat nach Köln. Für mich war Thomas nicht Liebe auf den ersten Blick. Ich liebte es, wie er mich ausführte. Er verwöhnte mich sehr – obwohl mich das manchmal auch nervte. Ich habe damals auch ab und zu einen Blumenstrauß von Thomas weiterverschenkt. Heute weiß ich, dass ich unsensibel und frech war. So war es auch in Köln. Ich wusste zwar tief innen, dass Thomas und ich zusammengehörten. Aber die Liebe musste zuerst noch wachsen. Oder vielleicht musste ich auch noch meine Rebellionsphase überwinden.» Als Susanne endlich von Köln nach Hause kam, war klar, dass sie beide zusammengehörten: «Wir erhielten immer öfters Komplimente, was für ein herziges Paar wir seien. Zudem stellten wir fest, dass wir in vielen Bereichen Begabungen hatten, die sich optimal ergänzten. Das hat uns bestärkt.»

Einige Zeit später fand eine wunderschöne Doppelhochzeit mit Susannes Zwillingsschwester statt. Susanne wollte eigentlich erst später heiraten. Aber da ihre Schwester, deren Verlobter und Thomas die Ehe eingehen wollten, war Susanne auf verlorenem Posten. Susannes Schwester schlug vor, dass sie beide auch genau das gleiche Hochzeitskleid tragen sollten. Doch Susanne wehrte sich dagegen: «Ich wollte für diesen besonderen Tag meine eigene Person sein. Unsere Mutter hatte uns immer genau gleich angezogen und gleich frisiert. Daher waren wir nur jemand, wenn wir zusammen waren.»

D+D Dieses Hochzeitsfest ist nun bereits 42 Jahre her und ihr seid immer noch miteinander verheiratet. Was er-

	achtet ihr als Hauptgründe dafür, dass eure Ehe bis heute gehalten hat?
Susanne	**Wir finden es wichtig, dass wir einander vergeben und miteinander beten können. Für uns ist klar, dass das Ja-Wort, bis der Tod uns scheidet, gilt. Das Liebesverständnis aus der Bibel in 1. Korinther 13 ist uns ein großes Vorbild. Aber auch sich Zeit nehmen füreinander, den andern höher achten als sich selbst und nichts erwarten, sondern geben, sind wichtige Punkte.**
D+D	Beginnen wir vorne bei der Ehe, beim **Ja-Wort, bis der Tod uns scheidet.** Wenn heute jemand auf seine Hochzeitsanzeige «für immer» schreibt, werden sie belächelt. Man könne heute nicht mehr wissen, ob die Ehe tatsächlich halten würde. Man habe ja keine Garantie, hörten wir auch schon. Woher habt ihr die Garantie, dass euer Ja-Wort, bis dass der Tod euch scheidet, verbindlich ist?
Susanne	Für mich war das immer ganz klar: Wenn ich Ja sage, dann gilt das. Ich würde nie weglaufen.
D+D	War das vor vierzig Jahren einfach noch klarer als heute?
Susanne	Der Sachverhalt ist doch heute noch genau der gleiche: Wenn wir dem Ehepartner das Versprechen abgeben, dann wird ein Bund geschlossen. Diesen Bund schließt man vor Gott. Da würde ich nie aussteigen. Das ist heute noch genauso gültig. Wer sagt, dass man es nicht sicher sagen könne, der öffnet die Tür für eine spätere Trennung bereits einen kleinen Spalt. Das ist eine Gefahr.
Thomas	Für mich war es auch ganz klar. Wenn ich Ja sage, dann bleibt es Ja. Ja bedeutet nicht irgendwann Nein. Aber man muss natürlich dazu beitragen, was nötig ist, dass es bei diesem Ja bleibt! Susanne nannte als erstes **die**

Vergebung. Für mich ist das auch ein sehr wichtiger Punkt. Wenn Ehepaare einander nicht vergeben können, dann geht es auseinander. Aber mit der Hilfe Gottes kann ich Susanne immer wieder vergeben. Natürlich ist es nicht immer einfach. Manchmal arbeitet es sehr stark in mir, bis ich soweit bin. Es dauerte auch schon zwei oder drei Tage, bis ich vergeben konnte.

Susanne Das war früher. Heute können wir uns viel schneller vergeben.

Thomas Ja, damals war es manchmal wirklich schwer. Ich dachte, sie sei doch schuld, sie könne doch vergeben. Da haben wir viel gelernt, aber auch viel Schönes erlebt. Nach einer Vergebung, wie die Bibel sie vorsieht, war es mit Susanne immer viel schöner als vorher. Das hat mich immer wieder aufgerichtet. Es war nicht so, dass das Alte einfach weitergelaufen wäre. Die Vergebung hat etwas Neues in unserer Beziehung geschaffen.

Susanne Manchmal, wenn ich von Thomas innerlich verletzt werde, ist plötzlich die Liebe weg. Nicht die tiefe Vertrautheit, sondern die alltägliche Zuneigung. Die Folge davon ist, dass ich fähig wäre, ihn nun auch anzuschnauzen oder verbal zu verletzen. Dann bete ich zu Gott, dass er mich wieder mit seiner Liebe füllt und dass er mir die Liebe zu Thomas wieder schenkt. Ich bete jeweils: «Jesus, du bist Liebe. Bitte fülle mich wieder neu.» Wir haben oft erlebt, dass Jesus gerne gibt und uns mit Liebe füreinander überschüttet hat. Er ist die Quelle der Liebe. Auch bei andern Ehepaaren haben wir das miterlebt. Einmal kam ein zerstrittenes Ehepaar zu uns, weil es allein nicht mehr klar gekommen ist. Sie haben sich angeschrien und unvorstellbar gegeneinander geredet. Wir haben mit ihnen gesprochen und auch Jesus um seine Liebe gebeten. Um acht Uhr abends sind sie gekommen und um zwei in der Nacht sind sie sich in den Armen gelegen und haben einander vergeben. Heute sind sie immer noch zusammen. Wir sind keine Eheberater, es war also nicht unser Verdienst. Gott hat die Quellen seiner Liebe für dieses Paar geöffnet und dadurch haben die Blockaden und Zerwürfnisse plötzlich klein ausgesehen. Daher gilt das Argument für mich nicht: «Wir haben uns auseinander gelebt» oder «Wir haben die Liebe verloren». Wir haben erlebt, dass Jesus diese Liebe wieder schenken kann.

D+D Wie kommt man zu dieser Liebe?

Susanne Für mich ist es eine Entscheidung. Ich entscheide mich, dass ich bereit bin, mich von Jesu Liebe füllen zu lassen. Dann ziehe ich mich zurück und bete, dass Gott mich füllt. Es dauert jeweils unterschiedlich lange, aber bisher ist diese spürbare Liebe für Thomas immer wieder zurückgekommen.

Thomas Dadurch konntest du mir wieder vergeben. Wenn ich von Susanne verletzt wurde, konnte ich ihr nicht sofort sagen, was mich genau getroffen hatte.

Susanne Es nagte an ihm und mit der Zeit merkte ich, dass sich Thomas seltsam verhielt. Manchmal erst zwei Tage später. Dann stellte sich heraus, dass der Grund in einer meiner Aussagen oder einem bestimmten Verhalten lag. Dann konnten wir es wieder bereinigen und einander vergeben.

Thomas Ja, wir schwebten nicht immer auf Wolke sieben. Wir hatten auch unsere Probleme. Wir mussten sie durcharbeiten und verarbeiten. Das gemeinsame Gebet hat uns dabei immer sehr geholfen. Jesus sagte einmal, wir sollen unsere Probleme und Sorgen ihm bringen. Das machen wir gemeinsam im Gebet. Zusammen mit der gegenseitigen Vergebung war das jeweils eine tiefe Berührung. Ich weinte oft vor Freude, weil ich von Lasten befreit wurde, die ich getragen hatte. Ich konnte sie bei Jesus abgeben und habe von ihm Vergebung erhalten. Das war immer eine sehr schöne Erfahrung. Ich weiß nicht, wie unsere Ehe verlaufen wäre, wenn wir nicht immer wieder unsere Fehler und Verletzungen bei Gott hätten abgeben können und Vergebung erhalten hätten.

Susanne Thomas hatte diese Annahme und Vergebung in seinem Elternhaus nicht erlebt. Daher berührte es ihn jedes Mal viel tiefer, wenn er im Kontrast dazu Gottes Vergebung und Annahme erlebte.

D+D Wo habt ihr vergeben gelernt?

Susanne Wir lernten es beim Lesen in der Bibel. Wir hatten schon seit Kindheit einen Bezug zur Bibel und zu Gott. Daher haben wir jeweils auch das *Unser Vater* gebetet. Dort heißt es: «Vergib uns unsere Schuld, wie auch wir vergeben unseren Schuldigern.» Beim Lesen in der Bibel haben wir immer mehr verstanden, wie Jesus uns vergibt. Wenn er uns innerhalb kürzester Zeit vergibt und das Vorgefallene nicht mehr hervornimmt, dann können wir einander doch auch auf diese Weise vergeben. Was sollen wir diese Dinge einander nachtragen? So sind wir langsam darin gewachsen. Am Ende einer Aussprache nageln wir jeweils fest, dass alles wieder gut ist: «Ist es vergeben?» – «Ja.» – «Ja.»

D+D Habt ihr also ein Vergebungsritual?

Susanne Einmal sagten wir, wir machen nicht länger als fünf Minuten.

D+D Fünf Minuten zum Ausdiskutieren?

Susanne Ja, oft konnten wir es gar nicht ausdiskutieren. Er hatte seinen Standpunkt und ich den meinen. Dann sagten wir: Wir lassen einander Recht behalten. Wir bitten einfach für das um Vergebung, was klar ist: Nämlich dass ich nicht mehr in Liebe gehandelt habe und dass ich meinen Anspruch, Recht zu haben, wichtiger genommen habe als dich. Die Vergebung besiegelten wir jeweils mit einem Handschlag. Das machen wir heute noch. Dann ist das Thema vom Tisch.

D+D Was macht ihr bei Themen, bei denen man zu einer Lösung kommen muss?

Susanne Dann müssen wir uns zusammen hinsetzen und darüber sprechen.

Thomas Das war zum Beispiel bei der Kindererziehung so.

Susanne Ja, da gab es immer wieder Spannungsfelder. Wir sind unterschiedlich aufgewachsen und haben deswegen die Dinge anders angeschaut. Thomas griff meiner Ansicht nach zu schnell und zu hart ein, wenn die Kinder etwas nicht richtig gemacht hatten. Das tat mir weh.

D+D Habt ihr einen Tipp, wie man eine solche Diskussion austrägt?

Susanne Am besten nicht vor den Kindern. Wir sind jeweils in die Küche gegangen und haben die Tür hinter uns geschlossen. Es war uns nicht bewusst, dass die Kinder auch durch die Tür zuhörten. Sie versprachen sich gegenseitig, dass sie bei einer allfälligen Scheidung weder zu mir noch zu Thomas gehen würden. Da realisierten wir, wie Kinder leiden, wenn ihre Eltern streiten. Vielleicht hätten wir für diese Diskussionen sogar aus dem Haus gehen sollen.

Thomas Meine Eltern haben sich oft sehr hart gestritten. Mein Vater drohte jeweils damit, dass er sich mit dem Seil erhängen würde. Das grub sich tief in mich hinein. Jedes Mal, wenn die Worte laut wurden, kamen diese Drohungen wieder in mir hoch. Damals sagte ich mir, dass ich nicht so brutal gegenüber meiner Frau und den Kindern sein wollte.

D+D Wie setzt ihr die **Liebe nach dem Vorbild des Lie-**

besverständnisses im 1. Korinther 13 um? (Siehe Kasten)

Susanne Wir lesen dieses Gedicht immer wieder. Dabei merken wir jedes Mal, dass wir uns noch an einigen Stellen verbessern können. Wenn ich diese Zeilen mit dem Leben vergleiche, muss ich zugeben: Dies ist wirklich das Ideal der Liebe.

D+D Könnt ihr einen Unterschied feststellen zwischen dem Anfang der Ehe und heute, wo ihr diesen Abschnitt aus der Bibel regelmäßig lest?

> «**Die Liebe** ist geduldig und gütig. Die Liebe eifert nicht für den eigenen Standpunkt, sie prahlt nicht und spielt sich nicht auf. Die Liebe nimmt sich keine Freiheiten heraus, sie sucht nicht den eigenen Vorteil. Sie lässt sich nicht zum Zorn reizen und trägt das Böse nicht nach. Sie ist nicht schadenfroh, wenn anderen Unrecht geschieht, sondern freut sich mit, wenn jemand das Rechte tut. Die Liebe gibt nie jemand auf, in jeder Lage vertraut und hofft sie für andere; alles erträgt sie mit großer Geduld.»
>
> 1. Korinther 13,4-7

Susanne Zu Beginn hatten wir ganz klar eine andere Art von Liebe. Jetzt, in unserem Alter, geht es nicht mehr um die Sexualität, sondern um die tiefe Liebe und Vertrautheit. Als wir noch jünger waren, drehte es sich um beides.

Thomas Die selbstlose Liebe, wie sie in 1. Korinther 13 beschrieben ist, entdeckte ich erst, als ich Jesus Christus als Herrn in meinem Leben angenommen hatte. Zuvor war die Eros-Liebe sehr wichtig für mich. Das heißt, die eigene Erfüllung durch die Ehe und in der Sexualität.

Durch Gottes Hilfe interessierte ich mich immer mehr für die Agape-Liebe, wie sie in 1. Korinther 13 beschrieben ist. So kamen diese Punkte in unsere Ehe: hofft alles, duldet alles ... und was sonst noch steht. Das ist ein hoher Maßstab und ich kann nicht sagen, dass ich es immer umsetzen kann.

D+D Die Messlatte in diesem Gedicht ist sehr hoch. Woher nehmt ihr die Kraft, trotzdem dran zu bleiben und diese Liebe umzusetzen?

Thomas Durch das Gebet und durch das Lesen dieser Zeilen. Wir wissen, dass es die Wahrheit – die echte Wahrheit ist. Wenn ich es lese, dann fordert es mich heraus, es auch anzuwenden.

Susanne Auch das ist eine Entscheidung: Will ich es lernen oder will ich es nicht lernen?

D+D Aber in diesem Verständnis von Liebe geht es nur um den andern und alles ist für den andern. Komme ich selbst nicht zu kurz?

Thomas Es geht darum, dass man vom eigenen Ego wegkommt. Was da drin steht, ist nicht egoistisch. Entscheide dich zu sehen, was das andere braucht, anstatt auf das zu sehen, was du brauchst. «Was ist hilfreich für meinen Ehepartner, wie kann ich ihm dienen und geben?» In einer Ehe wird man nicht glücklich, wenn man sagt: «Es muss für mich stimmen. Ich muss schauen, dass es mir gut geht.» Wenn es für mich stimmt, dann stimmt es für den andern vielleicht nicht. Aber wenn es für meinen Ehepartner nicht stimmt, dann stimmt es auch für unsere Ehe nicht und also auch für mich nicht! Mir geht es nur gut, wenn es für Susanne stimmt. Darauf zielt diese gebende Liebe ab.

D+D Hattet ihr nie das Gefühl, zu kurz zu kommen?

Susanne Thomas war früher abends viel weg, weil er eine Weiterbildung besuchte. Ich war sehr viel alleine. Er verließ morgens um sechs das Haus und kam erst um 23:00 Uhr nach Hause. Da hatte ich manchmal das Gefühl, zu kurz zu kommen. Als Thomas später eine neue Arbeitsstelle in einer andern Stadt erhalten hatte, war klar, dass wir dorthin ziehen würden. Dadurch konnte Thomas am Mittag zum Essen nach Hause kommen.

Thomas Diese Mittagessen waren für unsere Gemeinschaft sehr wertvoll. Wenn ich abends nach Hause kam, war ich müde und sie war auch müde, da blieb manchmal nicht mehr viel Ehezeit.

D+D Wie setzt ihr die Liebe aus 1. Korinther 13 konkret um?

Susanne Zum Beispiel heißt es: «Die Liebe erduldet alles.» Wenn mir etwas an Thomas Mühe macht oder ich etwas nicht einordnen kann, dann ziehe ich mich zurück und bete. Ich schütte Gott mein Herz aus. Danach weiß ich: Mein Vater im Himmel hat gesagt, dass er für mich sorgen wird. Es ist schon ein paar Mal vorgekommen, dass Thomas am andern Tag zu mir gekommen ist und gesagt hat: «Gott hat mir in der Nacht gezeigt, dass ich in diesem Punkt im Unrecht war. Bitte vergib mir.» Mein Vater im Himmel hat für mich gestritten, das war eine ganz besondere Erfahrung. Ich muss nicht streiten, sondern kann diese Dinge meinem Gott bringen.

D+D Zwei Gründe für das Gelingen eurer Ehe sind verwandt mit dem Verständnis von 1. Korinther 13: **den anderen höher achten als sich selbst und nichts erwarten, sondern geben.**

Thomas Das hängt tatsächlich vom eigenen Ego ab. Dies muss ich aufgeben und darauf schauen, was für Susanne das Beste ist und was ihr dient. Das war für mich ein Lernprozess. Zu Beginn unserer Ehe hatte ich oft das Gefühl: «Selbst ist der Mann.» Ich war stolz. Aber gera-

	de durch die Hilfe Gottes konnte ich meine Prägungen immer mehr ablegen. Der Höhepunkt dieses Veränderungsprozesses war ein Seelsorgeseminar. Was dort passiert ist, war ein starker Neuanfang. Viele Verletzungen, die mir meine Eltern, aber auch Lehrer oder andere Kinder zugefügt hatten, wurden dort von Gott geheilt. Anschließend konnte ich nur staunen, welche ein ganz neues Lebensgefühl war.
Susanne	Das war ein sehr einschneidender Moment. Auch für mich.
D+D	**Wir stellen fest, dass die Bibel für euch einen großen Stellenwert hat.**
Susanne	Ja, es ist das Buch des Lebens. Gott gab uns dieses Buch, damit wir glücklich sein können. Wir wollen doch alle glücklich werden. Was wollen wir also noch mehr?
D+D	Was wäre heute anders, wenn ihr die Bibel nicht als Richtschnur für euer Leben kennengelernt hättet?
Susanne	Dann ... wären wir vermutlich nicht mehr zusammen. Das könnte gut sein.
Thomas	Ich kann es mir nicht vorstellen, dass unser Lebensweg ohne die guten Anweisungen der Bibel auch so verlaufen wäre. Unsere Ehe wäre vermutlich irgendwann einmal zerbrochen. Wir hätten uns auseinander gelebt. Aber natürlich können wir das nur vermuten. Wenn wir mit andern Ehepaaren in unserem Alter sprechen, stellen wir manchmal fest, dass unter der Oberfläche Gehässigkeiten schlummern, auch wenn gegen außen alles gut aussieht.
Susanne	Oder jeder geht einfach seinen Weg und man lebt nebeneinander her, anstatt miteinander. Sehr oft ist nur einer von beiden zu Hause. Das ist ein Zeichen des Auseinanderlebens.

D+D Abgesehen von 1. Korinther 13 – welche Bibelstelle hat eurer Ehe sonst noch geholfen?

Thomas In schwierigen Lebenssituationen – auch wenn es in der Ehe schwierig war – half mir der Psalm 23. Wenn ich an einen Punkt kam, an dem ich nicht mehr weiter sah, las ich dort: «Und muss ich auch durchs finstere Tal – ich fürchte kein Unheil! Du, Herr, bist ja bei mir; du schützt mich und du führst mich, das macht mir Mut.» Das machte mir in der Tat Mut. Oder auch «Er bringt mich auf saftige Weiden, lässt mich ruhen am frischen Wasser und gibt mir neue Kraft.» Diese Führung habe ich erlebt. Und dann steht dort: «Vor den Augen meiner Feinde deckst du mir deinen Tisch; festlich nimmst du mich bei dir auf und füllst mir den Becher randvoll.» Was ist, wenn der Partner zum Feind wird? Auch dann lässt mich Gott nicht im Stich.

Zudem gilt dieser Psalm auch für meine Ehepartnerin. Für sie bin ich vielleicht der Feind. Auch ihr will Gott im Überfluss geben. Diese Sichtweise hilft uns, wieder zueinander zu finden. Wir haben einen gemeinsamen guten Hirten: «Der Herr ist mein Hirt; darum leide ich keine Not. […] Deine Güte und Liebe umgeben mich an jedem neuen Tag; in deinem Haus darf ich nun bleiben mein Leben lang.»

Da ich selbst ohne diesen liebenden Vater aufgewachsen bin, berührt es mich jedes Mal tief, wenn ich diesen Psalm lese. Ich habe in Gott einen liebenden Vater gefunden. Ich kann diesen Psalm nicht lesen, ohne dass mir die Tränen kommen. Ich sehe, wie gut er es mit mir meint. Ich lese es da, aber habe es auch immer wieder erlebt.

Eine andere Bibelstelle, die hilft zu verstehen, was in einem Ehealltag geschieht, ist Galater Kapitel 5 Verse 19 bis 22: «Was die menschliche Selbstsucht hervorbringt, ist offenkundig, nämlich: Unzucht, Verdorbenheit und Ausschweifung, Götzenanbetung und magische Praktiken, Feindschaft, Streit und Rivalität, Wutausbrüche, Intrigen, Uneinigkeit und Spaltungen, Neid, Trunk- und Fresssucht und noch vieles dergleichen. Ich warne euch, wie ich es schon früher getan habe: Menschen, die solche Dinge tun, werden nicht erben, was Gott versprochen hat; für sie ist kein Platz in Gottes neuer Welt. Der Geist Gottes dagegen lässt als Frucht eine Fülle von Gutem wachsen, nämlich: Liebe, Freude und Frieden, Geduld, Freundlichkeit und Güte, Treue, Bescheidenheit und Selbstbeherrschung.» Sehr schnell lebe ich in Neid und brauche Versöhnung. Oder ich bin böse und ärgere mich, dann brauche ich Gottes Liebe. Ich brauche seine Hilfe. Durch Gottes Geist schenkt er mir Liebe für Susanne.

D+D In diesen guten Eigenschaften klingt es wieder ähnlich wie im Lied der Liebe aus 1. Korinther 13: Geduld, Freundlichkeit, Treue usw.

Thomas Genau. Da geht es um das Gleiche.

D+D Habt ihr ein **Ehemotto?**

Susanne Ja. «Du sollst Gott lieben von ganzem Herzen ... und deinen Ehepartner wie dich selbst.»

Thomas Das ist abgeleitet aus der Antwort von Jesus auf die Frage, was das wichtigste Gebot sei. Eigentlich heißt es, «deinen Nächsten wie dich selbst». Wer ist dir näher als dein Ehepartner? Da beginnt es. Was nützt es dir, wenn du die ganze Welt lieb hast, aber mit deinem Ehepartner nicht klar kommst?

D+D Zuvor haben wir darüber gesprochen, dass man den andern höher achten soll als sich selbst. Wie setzt ihr das nun um, wenn es heißt: «... wie dich selbst»?

Thomas Es ist wichtig für eine Ehe, dass jeder sich selbst angenommen hat und sich *liebt*. Ich bin von Gott geschaffen und gewollt. Er liebt mich. Also darf auch ich mich annehmen. Nur wer mit sich selbst im Reinen ist, kann auch den andern richtig lieben. Ansonsten saugt man den Ehepartner aus, um die eigenen Defizite zu füllen.

D+D Herzlichen Dank für das Gespräch.

Und Ihre Geschichte?
Über Rückmeldungen zu diesem Buch freuen wir uns!

Adonia, Trinerweg 3, 4805 CH-Brittnau, order@adonia.ch

FamilyLife®

FamilyLife – eine Initiative von Campus für Christus Schweiz – fördert die Verbreitung des Ehe-Kurses und bietet vertiefende Seminare an.

EHE mit **VISION**
Das besondere Wochenende

zu zweit

Entdecken Sie, was Ihre Ehe besonders macht, und geniessen Sie einen lebensverändernden Kurzurlaub als Paar!

Es erwarten Sie:
> ein wunderschöner Seminarort.
> praktische Inputs und ehrliche Lebensberichte verschiedener Referentenpaare.
> viel Zeit zur persönlichen Verarbeitung.

... oder besuchen Sie einen lokalen Ehe-Kurs!
Immer aktuelle Daten finden Sie im Verzeichnis von FamilyLife.

Weitere Informationen und Anmeldung unter
www.familylife.ch oder Telefon 044 274 84 65

Weitere Bücher aus dem Adonia Verlag

Das Kilimanjaro-Prinzip der Ehe

4 Grundpfeiler einer glücklichen Ehe

David Hollenstein

Ein kompakter und umfassender Eheratgeber eingebettet in eine abenteuerliche Wanderung auf den höchsten Berg Afrikas. Die junge Ehe von Anja und Roger kriselt. Da die Reise schon länger gebucht ist, treten die Walthers sie trotzdem an. Unterwegs lernen sie Eileen und John kennen. Die beiden sind schon viele Jahre glücklich verheiratet. Sie erklären dem jungen Paar ihr Geheimnis: die vier Kilimanjaro-Grundpfeiler einer glücklichen Ehe: die Entscheidung bei Marangu, die Einstellung von Mandara, der Einsatz ab Horombo und die Führung am Kibo. John und Eileen erzählen von den Erfahrungen ihres Ehealltags und wie der Glaube an Gott ihrer Ehe geholfen hat.

Hardcover, ISBN 978-3-905011-99-9

Ich liebe dich! Ich liebe mich!

Wie du über Liebe denkst, bestimmt den Erfolg deiner Freundschaft!

David Hollenstein

Gibt es die Liebe noch, die ein Leben lang hält? Kann man sich als junger Mensch überhaupt für eine lebenslange Liebe entscheiden? Diesen Fragen geht der Autor auf den Grund und findet dabei nicht nur theoretische Antworten! Ein Buch, das alle Teens und jungen Erwachsenen unbedingt lesen sollten.

Paperback, ISBN 978-3-905011-29-6

Kinder brauchen Ordnung

Praktische Grundsätze für die Erziehung

Sonderausgabe im Adonia Verlag, Brittnau

In ihrem Buch schafft Jane Nelsen ein warmes Lagerfeuer für Eltern, Erziehende und Lehrer, die ihren Kindern helfen möchten, Selbstdisziplin, Verantwortungsbewusstsein und positive Fähigkeiten und Einstellungen zu entwickeln. Die in diesem Buch beschriebenen Prinzipien sind sehr praktisch und funktionieren. Sie liefern eine wunderbare Basis zur Bereicherung der Familien- und Schulerfahrung.

Paperback, ISBN 978-3-905011-30-2

www.adonia.ch